Sascha Hoffmann
Felix Eggers

Grundstudium - was dann?

Leitfaden für das BWL- und VWL-Hauptstudium

PD-Verlag Heidenau

Die Deutsche Bibliothek - CIP-Einheitsaufnahme

Ein Titeldatensatz für diese Publikation ist bei Der Deutschen Bibliothek erhältlich.

1. Auflage April 2000 (ISBN 3-930737-81-7)
2. überarbeitete Auflage April 2001

© Copyright 2001 by PD-Verlag, Everstorfer Str.19, 21258 Heidenau, http://www.pd-verlag.de, Tel. 04182/401037, FAX: 04182/401038
Druck: WB-Druck GmbH + Co. Buchproduktions KG, Rieden am Forggensee

Das Werk, einschließlich aller Abbildungen, ist urheberrechtlich geschützt. Jede Verwertung außerhalb der Grenzen des Urhebergesetzes ist ohne Zustimmung des Verlages unzulässig und strafbar.

ISBN 3-930737-82-5

Vorwort

Was lernt man in Logistik? Welche Voraussetzungen erfordert das Fach Bankbetriebslehre? Mit welchen Fächern lässt sich Controlling sinnvoll kombinieren? Welche Berufsperspektiven bietet das Fach Operation Research?

Als BWL-Studenten an der Universität Hamburg haben wir festgestellt, dass für viele von uns die Kenntnisse über die Inhalte des Hauptstudiums und die daran anknüpfende berufliche Zukunft nur sehr verschwommen und vage sind.
Mit dem nunmehr in der zweiten Auflage vorliegenden Buch wollen wir diesem Zustand Abhilfe schaffen. Es bietet im Hauptteil eine Übersicht über die Inhalte der BWL- und VWL-Fächer des Hauptstudiums. Außerdem zeigen wir sinnvolle Fächerkombinationen und die beruflichen Perspektiven zu den jeweiligen Fächer auf.
Wir haben uns bemüht, alle in Deutschland angebotenen Schwerpunktfächer des wirtschaftswissenschaftlichen Studiums zu erfassen, wobei klar ist, dass an keiner Universität alle Fächer gleichzeitig angeboten werden. Ebenso kommt es häufig vor, dass ein und das selbe Fach an verschiedenen Universitäten unterschiedliche Bezeichnungen trägt. Wir haben in dem Buch grundsätzlich die gebräuchlichste Bezeichnung verwendet, nennen jedoch zur Orientierung auch die anderen.
Weitere Kapitel beschäftigen sich mit Themen rund um das Studium, wie die verschiedenen Studienordnungen, Stipendien, das Auslandsstudium etc. Außerdem verschafft es einen Überblick über typische Berufsbilder von BWL- und VWL-Absolventen und gibt Tipps für Praktika und den späteren Berufseinstieg.
Bei der vorliegenden zweiten Auflage wurden lediglich leichte Überarbeitungen vorgenommen.

Aktuelle Informationen veröffentlichen wir im Internet unter der Adresse **www.hauptstudium.de**, unter der wir auch für Anregungen und Verbesserungsvorschläge erreichbar sind.

An dieser Stelle bedanken wir uns bei den Professoren Prof. Trenk-Hinterberger (Universität Bamberg), Prof. Bonus, Prof. Fricke und Prof. Schlüchtermann (Universität Bayreuth), Prof. Landau und Prof. Ruerup (TU-Darmstadt),

Prof. Nell (Universität Frankfurt), Prof. Treis (Universität Göttingen), Prof. Hansmann und Prof. Seelbach (Universität Hamburg), Prof. Kreilkamp (Universität Lüneburg), Prof. Lingenfelder (Universität Marburg), Prof. Bonus (Universität Münster), Prof. Altenburger (Universität Regensburg) sowie Prof. Marquardt und Prof. Weck (Universität Wismar) für ihren fachlichen Rat sowie bei der Philips GmbH für die Bereitstellung von Materialien.

Ferner danken wir allen, die uns bei der Umsetzung unserer Idee und der Korrektur des Buches behilflich waren, insbesondere Gundi und Ulrich Hoffmann, Beate Rubsch-Eggers und Siegbert Rubsch, Fabian Eggers, Nina und Ingrid Meißner sowie Peter Dörsam.

Wir freuen uns auf Hinweise und Anregungen aus dem Leserkreis und hoffen, mit diesem Buch einen kleinen Beitrag zu einem erfolgreichen Studium leisten zu können.

Hamburg, im Frühjahr 2001   Felix Eggers und Sascha Hoffmann

Inhaltsverzeichnis

1. Studienausrichtung 1
2. Hochschulwechsel 2
3. Veranstaltungsformen 4
   3.1. Vorlesungen 4
   3.2. Begleitkurse 4
   3.3. Seminare 4
   3.4. Oberseminare 5
   3.5. Examenskurse 5
   3.6. Kolloquien 6
4. Hauptstudiumsfächer 6
   4.1. Allgemeine BWL 7
   4.2. Allgemeine VWL 7
   4.3. Arbeitsrecht 8
   4.4. Arbeitswissenschaft 9
   4.5. Außenwirtschaft/Entwicklungslehre 10
   4.6. Bankbetriebslehre 12
   4.7. Controlling/Unternehmensrechnung 13
   4.8. Energiewirtschaft 15
   4.9. Finanzierungs-/Investitionslehre/Finanzwirtschaft 16
   4.10. Finanzwissenschaft/Öffentliche Finanzen 18
   4.11. Geld-, Kredit-, Währungspolitik 19
   4.12. Genossenschaftswesen 20
   4.13. Gesundheitsökonomie/-management 22
   4.14. Handelsbetriebslehre/Distributionswirtschaft 23
   4.15. Industriebetriebslehre 25
   4.16. Informationsmanagement/Betriebswirtschaftliche Information und Kommunikation 27
   4.17. Innovationsmanagement 28
   4.18. Internationales Management 29
   4.19. Logistik 31
   4.20. Marketing und Absatzwirtschaft 32
   4.21. Mittelstandsökonomie 34

4.22. Öffentliche Betriebswirtschaftslehre/Verwaltung ... 35
4.23. Ökonometrie ... 36
4.24. Operations Research/Unternehmensforschung ... 37
4.25. Organisationslehre/Unternehmensführung ... 39
4.26. Ostasienwirtschaft ... 40
4.27. Personalwirtschaftslehre ... 41
4.28. Produktionstheorie/Produktionswirtschaft ... 44
4.29. Statistik ... 45
4.30. Betriebswirtschaftliche Steuerlehre ... 46
4.31. Tourismusmanagement ... 48
4.32. Transportwirtschaft ... 49
4.33. Umweltökonomie/Umweltmanagement ... 51
4.34. Unternehmensrechnung/Betriebliches Rechnungswesen ... 52
4.35. Verkehrsbetriebslehre/Verkehrswissenschaft ... 53
4.36. Versicherungsbetriebslehre ... 53
4.37. Wirtschafts- und Sozialgeschichte ... 55
4.38. Wirtschaftsinformatik/Datenverarbeitung ... 56
4.39. Wirtschaftspolitik ... 58
4.40. Wirtschaftsprüfung/Revision- und Treuhandwesen ... 59
4.41. Wirtschaftssprachen ... 62

5. **Auslandsaufenthalt** ... 63
   5.1. Auslandsstudium ... 63
     5.1.1. Zeitpunkt des Auslandaufenthalts ... 63
     5.1.2. Dauer des Auslandsaufenthalts ... 64
     5.1.3. Art des Hochschulsystems des Gastlandes ... 64
     5.1.4. Bewerbung/Zugangsvoraussetzungen ... 65
     5.1.5. Anerkennung der Studien- und Prüfungsleistungen ... 66
     5.1.6. Finanzierung des Auslandsaufenthalts ... 66
     5.1.7. Administrative Vorbereitung ... 67
   5.2. Auslandspraktikum ... 67
   5.3. Informationsstellen ... 68
   5.4. Sprachtests ... 68
     5.4.1. TOEFL: Test of English as a Foreign Language ... 68
     5.4.2. GMAT: Graduate Management Admission Test ... 69
   5.5. Stipendien ... 70
     5.5.1. Deutscher Akademischer Austauschdienst (DAAD) ... 70
     5.5.2. Fulbright-Kommission ... 71

6. Fördermöglichkeiten/Stipendien 72
   6.1. Förderhöhe 73
   6.2. Begabtenförderungswerke 75
7. Diplomprüfung 77
   7.1. Examen 77
   7.2. Credit-Point-System/Kreditpunkte-System 78
      7.2.1. Allgemeines 78
      7.2.2. Beispiel 79
      7.2.3. Vorteile 80
   7.3. Diplomarbeit 81
   7.4. Abschluss 82
8. Die Promotion 82
   8.1. Wissenschaftlicher Mitarbeiter 83
   8.2. Die freie Promotion 83
   8.3. Promotion im Ausland 84
   8.4. Sinn einer Promotion 84
9. Berufsperspektiven 85
   9.1. Finanz- und Rechnungswesen 85
   9.2. Controlling 85
   9.3. Marketing/Vertrieb 86
   9.4. Einkauf/Materialwirtschaft/Logistik 86
   9.5. Personalwesen/Aus- und Weiterbildung 87
   9.6. Banken und Versicherungen 87
   9.7. Steuerberatung und Wirtschaftsprüfung 87
   9.8. Unternehmensberatung 88
   9.9. Informationstechnologie (IT)/ Softwarebranche 88
   9.10. Kammern und Verbände 89
   9.11. Öffentlicher Dienst 89
   9.12. Großunternehmen/Mittelbetrieb 90
10. Auswahlkriterien für Berufsanfänger 90
   10.1. Diplomnote 91
   10.2. Fremdsprachen 92
   10.3. Auslandsstudium/Auslandssemester 92
   10.4. EDV-Kenntnisse 93
   10.5. Promotion 93
   10.6. Managementschulen 93
   10.7. Zweitstudium 93

10.8. Außerfachliche Qualifikationen 94
11. Bewerbungshinweise 94
   11.1. Die schriftliche Bewerbung 95
   11.2. Das Bewerbungsschreiben 96
   11.3. Der Lebenslauf 96
   11.4. Bewerbungsstellen 97
      11.4.1. Unternehmen 97
      11.4.2. Internet-Jobbörsen 97
      11.4.3. Personalberater 98
      11.4.4. Arbeitsamt 98
   11.5. Vorstellungsgespräch 98
   11.6. Das Assessmentcenter 99
12. Berufsstart 100
   12.1. Training on the Job 100
   12.2. Trainee-Programme 100
   12.3. Assistentenposition 101
   12.4. Auslandseinsatz 101
13. Arbeitsmöglichkeiten für Wirtschaftswissenschaftler im Ausland 102
   13.1. Absolventen 102
   13.2. Berufserfahrene Kräfte in der Privatwirtschaft 102
   13.3. Berufliche Einsatzfelder in der Entwicklungszusammenarbeit 104
   13.4. Tätigkeit in internationalen Organisationen 104
Index 105

1. Studienausrichtung

Vor der Entscheidung, welche einzelnen Fächer im Hauptstudium belegt werden, sollte die Frage stehen, wie das Studium generell angelegt werden soll. Steht schon genau fest, in welchem Bereich man später arbeiten möchte? Dann sollte die Fächerauswahl für diesen Bereich möglichst umfassend qualifizieren. Oder sind die Berufswünsche noch relativ offen und man möchte daher für möglichst viele Berufe qualifiziert sein? Der Hintergrund ist die Frage, ob das Hauptstudium speziell auf einen Bereich ausgerichtet werden soll, oder ob eine eher breite betriebs- und volkswirtschaftliche Ausbildung vorzuziehen ist. Beides hat seine Vor- und Nachteile, und es muss individuell zwischen den beiden Extremen der Spezialisierung und der Generalisierung des Studiums abgewogen werden, da sich bei der Frage ein prinzipielles Dilemma ergibt: Ist in dem Bereich, für den sich der Spezialist besonders qualifiziert hat, kein Job in Aussicht, dann könnte es schwerer werden, weil man nicht so flexibel ist wie der Generalist. Der Generalist hingegen ist für viele Bereiche gleich qualifiziert, könnte dort jedoch prinzipiell von jedem Spezialisten, aufgrund seiner „Mehrkenntnis", verdrängt werden. Das Gute an einem wirtschaftswissenschaftlichen Studium ist jedoch, dass es stets für eine Vielzahl von Einsatzgebieten qualifiziert, welches besonders in Zeiten von „lebenslangem Lernen" und Jobrotation enorm wichtig geworden ist. Als Hilfe für die individuelle Entscheidung mögen folgende Argumente dienen:

Der Spezialist erwirbt für ein relativ enges Berufsbild eine sehr intensive Ausbildung. Ferner ergeben sich häufig zwischen den belegten Fächern Überschneidungen, wodurch die zu lernende Stoffmenge reduziert wird. Der Spezialist hat bei Bewerbungen in dem entsprechenden Bereich Vorteile gegenüber Mitbewerbern. In anderen Bereichen ist seine Ausbildung jedoch eher mäßig. Der Generalist erhält durch seine Fächerauswahl ein relativ breites Wissen, das ihn für eine Vielzahl von Branchen qualifiziert. Im Studium sollten sich daher möglichst wenig Überschneidungen ergeben, was gleichzeitig ein hohes Lernquantum bedeutet. Bei Bewerbungen kann der Generalist bei sonst gleicher Qualifikation (Praktika etc.) gegenüber dem Spezialisten im Nachteil sein. Daher sollte auch bei der Entscheidung, ein möglichst breit angelegtes

Studium zu wählen, eine gewisse Schwerpunktsetzung, etwa durch die Diplomarbeit oder durch Praktika, erfolgen.

Wie die Entscheidung im Einzelfall auch ausfällt, man sollte das Extreme vermeiden: Der extreme Spezialist weiß alles von nichts und der extreme Generalist weiß nichts von allem...

Sicherlich nicht so schwer zu beantworten ist hingegen die Frage, ob ein eher theoretisches oder ein praxisorientiertes Studium angestrebt werden sollte. Die meisten BWL- und VWL-Studenten studieren eh (nur) deshalb, um im anschließenden Berufsleben gute Startchancen zu haben. Obwohl die praxisnahen Fächer meist sehr überlaufen sind, ist es dennoch ratsam, mindestens eins oder zwei von ihnen zu belegen, um bei späteren Bewerbungen bessere Chancen zu haben.

Da bei Bewerbungen meist die Noten des Studiums die größte Bedeutung haben, ist es nicht unklug, sich um eine gewisse „Notenoptimierung" im Hauptstudium zu kümmern. Damit soll nicht gemeint sein, dass die Studenten mehr lernen sollen, sondern, dass man sich über die verschiedenen Professoren erkundigen sollte, die z.B. das gleiche Fach an einer Uni lehren. Es ist empfehlenswert, bereits im Grundstudium verschiedene Professoren „zur Probe" anzuhören, um herauszufinden, wo das Arbeitsklima stimmt, denn nur wenn einem das Fach und der Professor einigermaßen zusagen, wird man zu vernünftigen Ergebnissen kommen und Spaß am Studium haben.

2. Hochschulwechsel

Wer während des Grundstudiums den Studienort wechseln möchte, muss den fachlichen Umfang der bisher geschriebenen Klausuren beim jeweiligen Prüfungsamt nachweisen, damit die Klausuren anerkannt werden. Das Vordiplom wird in der Regel anerkannt.

Hauptstudiumsscheine werden nur anerkannt, wenn sie inhaltlich und formal den an der neuen Universität geleisteten Scheinen entsprechen. Dies wird vom Prüfungsamt bei Vorlage der Scheine in einem Anerkennungsverfahren geprüft. Die Anerkennung wird dabei durch die Einführung des →Credit-Point-Systems an immer mehr Universitäten aufgrund der Vergleichbarkeit erleichtert.

Die hohen Studentenzahlen und die Einführung des NC schränken die Möglichkeiten zum Studienortwechsel jedoch ein. Trotzdem gibt es noch einige Möglichkeiten, diesen zu realisieren:

1. Tausch: Hierbei ist zu beachten, dass der Tauschpartner an der gewünschten Universität die gleiche Anzahl an Fachsemestern und die gleichen Prüfungsleistungen vorweisen muss. Es wird deutlich, dass diese sehr schwer zu finden sind. Unter www.hauptstudium.de gibt es hierzu einige interessante Anlaufstellen. Eine Tauschbörse findet man auch beim VSB (Verein zur Förderung studentischer Belange e.V.), Postfach 1829, 53008 Bonn, Tel 0228/ 22 91 49

2. Erneute Bewerbung und Verteilung über die ZVS: Eine Bewerbung über die ZVS ist immer mit einer Exmatrikulation verbunden. Nur wer an keiner deutschen Universität eingeschrieben ist, kann sich bei der ZVS bewerben. Genaueres erfährt man bei der ZVS in Dortmund. Inwieweit Prüfungsleistungen anerkannt werden, erfährt man vom Prüfungsamt der jeweiligen Hochschulen. ZVS, 44128 Dortmund, Tel. 0231/ 10 81-0

3. Direktbewerbung: Durch Studienabbrecher und Hochschulwechsler ohne Tauschpartner sind an den meisten Universitäten Studienplätze in verschiedenen Fachsemestern frei. Diese werden mit "Direktbewerbern" besetzt. Gehen mehr Bewerbungen ein als Plätze zu vergeben sind, entscheidet das Los bzw. die Note des Vordiploms. Bewerbungsunterlagen müssen direkt bei der Wunschuniversität angefordert werden.

3. Veranstaltungsformen

In den Vorlesungsverzeichnissen der Universitäten finden sich verschiedene Formen von Veranstaltungen: Vorlesungen, Seminare, Oberseminare, Examenskurse sowie Kolloquien.

3.1. Vorlesungen

Jeder Student sollte Vorlesungen bereits aus dem Grundstudium kennen. Ein Dozent, zumeist ein Professor, trägt den Lehrstoff vor, wobei die Qualität je nach didaktischer Begabung und Engagement des Professors sehr unterschiedlich sein kann. Thematisch gibt es Vorlesungen zu fast allen Gebieten des Studiums.

Wer seine Diplomprüfung in Form eines → Credit-Point-Systems ablegt, schließt Vorlesungen meist mit einer Klausur ab, deren Note in die Berechnung der Diplomnote eingeht.

Im herkömmlichen Prüfungssystem mit Examen müssen in den Vorlesungen in der Regel keine Leistungsnachweise erbracht werden. Einige Professoren lassen allerdings Klausuren schreiben, um über diese den Zugang zu ihren Seminaren zu regeln.

3.2. Begleitkurse

Die Veranstaltungsform Begleitkurs lässt sich nicht eindeutig beschreiben. Meist handelt es sich dabei jedoch um Veranstaltungen, in denen der Vorlesungsstoff anhand von Übungen vertieft wird. Die Begleitkurse werden i.d.R. von den Assistenten der jeweiligen Professoren abgehalten.

3.3. Seminare

In Seminaren sollen die Themen aus den Vorlesungen vertieft werden. Daher wird von den meisten Professoren empfohlen, die Seminare erst nach dem Besuch der Vorlesungen zu beginnen. Um einen Seminarplatz zu erhalten, ist ein abgeschlossenes Grundstudium und vereinzelt die Teilnahme an einem allgemeinen Seminarplatzvergabeverfahren erforderlich. Im Fall, dass noch Scheine für das Vordiplom fehlen, kann an einigen Unis ein Antrag gestellt werden, um dennoch einen Seminarplatz zu erhalten. Nähere Informationen hierzu erhält man z.B. beim Fachschaftsrat der Uni. In den Seminaren arbeiten die Studenten eine Hausarbeit zu einem zuvor gewählten Thema aus (der Umfang variiert dabei von Professor zu Professor z.T. stark), über das sie dann in der Regel zusätzlich einen Vortrag halten müssen. Meistens wird in jeder Seminarsitzung ein Thema vorgetragen. Um den Seminarschein zu erwerben, ist weiterhin eine Abschlussklausur üblich. In manchen Seminaren gibt es zusätzlich eine Eingangsklausur (dann entfällt z.T. die Abschlussklausur oder wird mit der Note der Abschlussklausur zusammengefasst). Da die Seminare an einigen Unis sehr überfüllt sind, und Themen mehrfach vergeben werden müssen, entfällt oft für einen Teil der Studenten der Vortrag. Zumeist werden die Seminararbeiten einzeln verfasst. Zum Teil sind aber auch Gruppenarbeiten anzufertigen. Gruppenhausaufgaben sind dabei keinesfalls immer einfacher, denn die Zusammenarbeit in der Gruppe kann sich als sehr schwierig erweisen. Wer lediglich an dem Thema eines Seminars interessiert ist, aber keinen Schein erwerben will, kann i.d.R. als Zuhörer an dem Seminar teilnehmen.

3.4. Oberseminare

In den Oberseminaren stellen die Assistenten oder Diplomanden des jeweiligen Professors ihre Arbeiten vor. Die Vortragenden sind daher sehr engagiert, und es nehmen selten mehr als 10 bis 15 Personen an den Oberseminaren teil, so dass sich der Besuch für alle Interessierten lohnt. Die meisten Professoren freuen sich über Studierende, die aus Interesse an Oberseminaren als Zuhörer teilnehmen. Es können allerdings keine Seminarscheine erworben werden.

3.5. Examenskurse

Examenskurse gibt es nur an Universitäten, an denen als Studienabschluss ein →Examen geschrieben wird. Sie können meist von allen Studenten, unabhängig von der Semesterzahl besucht werden. Die Teilnehmer sind keinesfalls nur Examenskandidaten. Examenskurse werden größtenteils von den Assistenten der Professoren durchgeführt und bereiten speziell auf das Examen bei dem jeweiligen Professor vor. Handelt es sich dabei um den eigenen Prüfungsprofessor, so sollte auf jeden Fall teilgenommen werden. Zumindest sollte man jemanden kennen, der teilnimmt, denn in den Examenskursen wird zumeist eine Eingrenzung des relevanten Stoffes vorgenommen.

3.6. Kolloquien

Ein Kolloquium lässt sich inhaltlich nicht genau eingrenzen. Offiziell soll ein Kolloquium eine Diskussionsveranstaltung zwischen Lehrendem und den Studenten sein. Die Ausgestaltung der Kolloquien ist aber sehr unterschiedlich. Teilweise können in Kolloquien Leistungsnachweise erlangt werden, im Einzelfall kann sich hinter einem Kolloquium auch mal ein Examenskurs verbergen. In der Regel aber sind Kolloquien nicht examensrelevante Veranstaltungen für diejenigen Studenten, die auch einmal andere Gebiete der Wirtschaftswissenschaften kennenlernen wollen. Auch bzw. gerade weil in den Kolloquien häufig keine Leistungsnachweise erlangt werden können, sollte man diese nicht unbeachtet lassen, denn in den Veranstaltungen ohne „Abschlussdruck" herrscht meist eine gute Arbeitsatmosphäre.

4. Hauptstudiumsfächer

Im folgenden Hauptteil wird eine Übersicht über die Inhalte der BWL- und VWL-Fächer des Hauptstudiums gegeben. Außerdem werden sinnvolle Fächerkombinationen vorgeschlagen und die beruflichen Perspektiven zu den jeweiligen Fächer aufgezeigt.

Wir haben uns bemüht, alle in Deutschland angebotenen Schwerpunktfächer des wirtschaftswissenschaftlichen Studiums zu erfassen, wobei klar ist, dass an keiner Universität alle Fächer gleichzeitig angeboten werden. Es sollte vorher im aktuellen Vorlesungsverzeichnis der Universität nachgesehen werden, welche Fächer überhaupt angeboten werden. Ebenso kommt es häufig vor, dass ein und das selbe Fach an verschiedenen Universitäten unterschiedliche Bezeichnungen trägt. Hier wurde grundsätzlich die gebräuchlichste Bezeichnung verwendet, es werden zur Orientierung jedoch auch die anderen genannt. Weiterhin empfiehlt es sich nachzusehen, ob die Professoren, die diese Fächer anbieten, ihren Vorlesungszyklus nicht durch Forschungssemester unterbrechen, so dass einem "flüssigen" Studium nichts entgegensteht.

4.1. Allgemeine BWL

Fachinhalt

Im Pflichtfach der Allgemeinen BWL werden klassische Lehrgebiete, wie Produktion, Absatz, Investition, Finanzierung, Organisation, Unternehmensführung sowie wesentliche theoretische Grundlagen vermittelt, die für ein Verständnis funktions- und bereichsübergreifender betriebswirtschaftlicher Zusammenhänge notwendig sind. Daneben werden auch neuere Entwicklungen der Betriebswirtschaftlehre, wie z.B. Umweltmanagement gelehrt.

Die Lehrveranstaltungen sollen in die Lage versetzen, betriebswirtschaftliche Probleme in ihrem ökonomischen Wesenskern zu erkennen und zielgerecht zu lösen. Die vermittelten Kenntnisse dienen dabei als Grundlage für eine ausführliche Behandlung in den speziellen betriebswirtschaftlichen Veranstaltungen.

4.2. Allgemeine VWL

Fachinhalt

Das Fach Allgemeine Volkswirtschaftslehre gliedert sich in mehrere Teilbereiche.

Die Mikroökonomie/Wirtschaftstheorie mit ihren Gebieten (u.a. Markt- und Preistheorie, Wettbewerbstheorie, Geldtheorie, Konjunktur- und Wachstumstheorie, Theorie der öffentlichen Einnahmen und Ausgaben, Theorie der Einkommensverteilung, Theorie der Wirtschaftsordnungen und Wirtschaftssysteme, Außenwirtschaftstheorie) hat zum Ziel, durch Anwendung bestimmter Forschungsmethoden reale ökonomische Sachverhalte sowie komplizierte und komplexe Zusammenhänge modellhaft zu erklären.

Die Makroökonomie/Wirtschaftspolitik gliedert sich in die Teilbereiche Wettbewerbspolitik, Fiskalpolitik, Geldpolitik, Außenwirtschaftspolitik, Strukturpolitik. Sie bemüht sich darum, auf der Grundlage von Erkenntnissen, welche die Wirtschaftstheorie bereitgestellt hat, geeignete Instrumente zur Verwirklichung wirtschaftspolitischer Ziele abzuleiten.

Die Grundfragen des Wirtschaftens, das Allokationsproblem (Was soll produziert werden?), das Effizienzproblem (Wie soll produziert werden?) und das Verteilungsproblem (Für wen soll produziert werden?) können unter zwei

Aspekten behandelt werden. Erstens kann eine langfristige Perspektive gewählt und die Gesetzmäßigkeiten der Allokation und Verteilung unter diesem Aspekt analysiert werden. Zweitens kann von einer kurzfristigen Perspektive ausgegangen werden und die Störungen betrachtet werden, durch welche die Erreichung des Zieles einer bestmöglichen Güterversorgung erschwert oder verhindert wird. Die Erklärung für das Auftreten der genannten Probleme soll die Grundlage für ein wirtschaftliches Handeln des Staates schaffen, das auf eine Vermeidung oder Beseitigung von Unterbeschäftigung, Inflation und Zahlungsbilanzungleichgewichten abzielt.

Generell sind gute Englischkenntnisse für das Fach Volkswirtschaftslehre von Vorteil, da häufig englischsprachige Literatur verwendet wird.

4.3. Arbeitsrecht

Fachinhalt

Das im Bereich des Bürgerlichen Gesetzes angesiedelte Fach Arbeitsrecht befasst sich mit zwei wesentlichen Gebieten. Das erste ist das sog. Individualarbeitsrecht, welches Entstehung, Inhalt, Störungen und Beendigung eines Arbeitsverhältnisses zum Thema hat. Außerdem werden die Haftung des Arbeitnehmers bzw. des Arbeitgebers, wie auch die Beendigung des Arbeitsverhältnisses allgemein in den Veranstaltungen behandelt. Dabei spielen Kündigung und Kündigungsschutzgesetz sowie der Einfluss des Betriebsrates auf Kündigungen eine entscheidende Rolle.

Das zweite Gebiet, das sog. kollektive Arbeitsrecht, behandelt Themen wie Tarifautonomie, Mitbestimmung der Arbeitnehmer sowie den Ablauf von Arbeitsgerichtsverfahren.

Fächerkombinationen

Durch teilweise große Überschneidungen des Arbeitsrechtes mit dem Stoff der Personalwirtschaft bietet sich eine Kombination der beiden Fächer an, wobei jedoch das Thema Arbeitsrecht für nahezu jeden Wirtschaftsstudenten von Bedeutung ist.

Berufsperspektiven

Absolventen mit dem Studienschwerpunkt Arbeitsrecht finden ihre Arbeitsplätze in Wirtschaftsunternehmen in der Regel als juristische Mitarbeiter. Sie können in

Geldinstituten, in Versicherungen, in mittelständischen Handels- und Industrieunternehmen eingesetzt werden. Ein wichtiger Bereich ist die Tätigkeit in Wirtschaftsprüfer- und Steuerberatungsbüros sowie in der Unternehmensberatung. Nach geltendem Recht haben Studenten des Arbeitsrechtes jedoch nicht die Möglichkeit, zur Anwaltschaft zugelassen zu werden oder als Richter bzw. Staatsanwalt tätig zu sein.

Ein Schwerpunkt Arbeitsrecht im wirtschaftswissenschaftlichen Studium eignet für eine berufliche Tätigkeit im Bereich des Personalwesens (hier zum Beispiel im Hinblick auf Fragen der Entlohnung, der Arbeitszeitgestaltung, der Personalanpassung usw.). Darüber hinaus sind Kenntnisse des Arbeitsrechts eigentlich stets sinnvoll: sei es, weil man selbst als Arbeitnehmer vom Arbeitsrecht unmittelbar betroffen ist, oder weil man - etwa als Existenzgründer- zum Arbeitgeber wird, der von den rechtlichen Rahmenbedingungen der Beschäftigung von Arbeitnehmern Bescheid wissen sollte.

4.4. Arbeitswissenschaft

→ Personalwirtschaftslehre

Fachinhalt

Zu den wichtigsten betrieblichen Produktionsfaktoren gehört die körperliche und geistige Arbeit der Mitarbeiter. Ziel der Arbeitswissenschaft ist folglich, die Arbeitsbedingungen optimal zu gestalten. Dies kann durch Arbeitszeitregelungen, Arbeitsplatzgestaltung und Verbesserung des Betriebsklimas erfolgen. Wichtige Teilbereiche, die das Fach untersucht, sind dabei

- die Arbeitspsychologie, welche die psychologischen Auswirkungen der Arbeitsverrichtung untersucht und über die Fähigkeiten der Arbeitnehmer die optimalen individuellen Arbeitsbedingungen sucht;
- die Arbeitsphysiologie, welche die körperlichen Auswirkungen der Arbeit auf den menschlichen Körper untersucht. Dazu gehört der Energieverbrauch für einzelne Verrichtungen, die Körperhaltung und Körperbewegung, das Arbeitstempo, Ermüdungserscheinungen, die Pausengestaltung etc.;
- Bereiche der Arbeitsmedizin, Arbeitshygiene, Arbeitspädagogik, Arbeitstechnologie und Arbeitssoziologie.

Weiterhin vermittelt dieses Fach Wissen über die Entwicklung und Bedeutung der Erwerbstätigkeit, der Arbeitsmarktökonomie sowie der Personal- und Beschäftigungspolitik.
Das Fach trägt außerdem dazu bei, die Organisations- und Kommunikationsstrukturen durch Analysen verschiedener Tätigkeiten zu verbessern.
Weitere Themen können die Bereiche Arbeitsförderung, Beschäftigungspolitik in Europa, Lohn und Entgelt oder Verbesserungen der Informationsaufnahme sein.

Fächerkombinationen

Fächer, die eine sinnvolle Kombination mit Arbeitswissenschaft ergeben, sind Arbeitsrecht, Industriebetriebslehre, Personalwirtschaftslehre sowie Organisationslehre/Unternehmensführung

Berufsperspektiven

Die Arbeitswissenschaft qualifiziert für Tätigkeiten, in welchen die Arbeit und Beschäftigung, die betrieblichen Personalstrategien sowie überbetriebliche Bereiche der Wirtschafts- und Arbeitsmarktpolitik gestaltet und entwickelt werden. Dazu gehören Aufgaben in Personal- und Organisationsabteilungen oder Unternehmensberatungen, in Forschungseinrichtungen, Verbänden oder öffentlichen Institutionen.
Dadurch, dass dem Personal im Managementhandeln immer größere Bedeutung zukommt, bereitet das Fach auch gut auf Führungsfunktionen in Unternehmen vor.

4.5. Außenwirtschaft/Entwicklungslehre

Fachinhalt

Durch die Globalisierung wird die Abhängigkeit der einzelnen Volkswirtschaften untereinander zunehmend größer.
Dieses Fach umfasst den Bereich der Außenwirtschaft sowie die Entwicklungsprobleme von Ländern der Dritten Welt, einschließlich solcher Probleme, die sich im Zusammenhang mit ihrer Verflechtung in die Weltwirtschaft ergeben. Gegenstand der Veranstaltungen sind zum einen grundsätzlichen Fragen der internationalen Wirtschaftsbeziehungen, wie auch die institutionellen und instrumentalen Aspekte der Außenwirtschaftspolitik.
In dem Fach werden dabei im Einzelnen zumeist folgende Punkte behandelt:

- Erkenntnisse der Außenwirtschaftstheorie und Methoden der Währungs- und Kapitalmarktpolitik sowie der Handels- und Integrationspolitik,
- Methoden zur Identifikation sinnvoller Auslandsinvestitionen,
- Analyse der Ursachen von Unterentwicklung sowie Formulierung adäquater Entwicklungsstrategien und entwicklungspolitischer Maßnahmen.
- Analyse der sozioökonomischen Wirkungen von entwicklungspolitischen Maßnahmen.

Fächerkombinationen

Das Studienfach Außenwirtschaft lässt sich mit allen anderen volkswirtschaftlichen Wahlfächern kombinieren, da es einen zentralen Bereich der Volkswirtschaftstheorie und -praxis darstellt. Für BWL-Studenten ist das Fach besonders interessant, wenn eine internationale Ausrichtung der Ausbildung angestrebt wird.

Berufsperspektiven

Die Ausbildung soll Absolventen befähigen, insbesondere Aufgaben zu übernehmen in:

- Institutionen, welche die Außenwirtschaftspolitik mitgestalten oder auf dem Gebiet der Außenwirtschaft tätig sind (Ministerien, Banken usw.),
- multinationalen Organisationen,
- exportorientierten bzw. im Ausland tätigen Unternehmungen,
- nationalen und internationalen Entwicklungshilfeorganisationen,
- auf dem Gebiet der Entwicklungspolitik tätigen Consulting-Firmen sowie
- in den verschiedenen Organen der Entwicklungspolitik in Entwicklungsländern.

4.6. Bankbetriebslehre

Fachinhalt

Zu den Inhalten der Bankbetriebslehre gehört die Vermittlung der Struktur und Entwicklung des Bankwesens, der Bankgeschäfte und der Bankgeschäftspolitik. Dies umfasst eine Analyse, welche Funktionen Banken übernehmen können, wie diese organisiert sind und wie die einzelnen Bankleistungen aussehen sollten. Die wichtigsten Erkenntnisse stammen dabei aus dem Kredit-, Anlage- und Zahlungsverkehr.

Einen Teilbereich nimmt das Bankmanagement ein, welches mögliche Optionen und Konzepte in Einzelgeschäften kritisch analysiert.

Weiterhin ergeben sich enge inhaltliche Beziehungen zum ebenfalls behandelten Gebiet der Bankorganisation. Auch Möglichkeiten der Informations- und Kommunikationstechnik für den Finanzdienstleister können dabei berücksichtigt werden.

Über diese weitgehend betriebswirtschaftlichen Bereiche der Bankbetriebslehre hinaus sind auch die Erkenntnisse anderer Fachbereiche zu berücksichtigen. Dazu gehören primär der volkswirtschaftliche Bereich und der juristische Bereich:

- Der volkswirtschaftliche Bereich, aufgrund der gesamtwirtschaftlichen Bedeutung der Banken. Untersuchte Gebiete sind z.B. der Bereich Geld-, Kredit- und Währungspolitik.
- Der juristische Bereich, da die bankwirtschaftlichen Maßnahmen im gegebenen rechtlichen Rahmen stattfinden müssen. Essentiell sind dabei betreffenden Kenntnisse der rechtliche Grundlagen aus den Bereichen des Privatrechts, Handelsrechts und Öffentlichen Rechts sowie spezielle Reglementierungen, z.B. des Kreditwesengesetzes.

Spezielle Inhalte können die Besonderheiten der internationalen Banktätigkeit und der internationalen Bankleistungen sein. In die Untersuchung können zudem auch die Anbieter von Finanzdienstleistungen außerhalb der gesetzlichen Definition von Kreditinstituten einbezogen werden.

Voraussetzungen

Das Studium der Bankbetriebslehre kann auch ohne eine Banklehre absolviert werden. Zu beachten ist allerdings, dass eine abgeschlossene Banklehre bei Bewerbungen von vielen Banken als wichtiger Wettbewerbsvorteil gewertet wird.

Bedeutsam sind Kenntnisse der Finanzierung, insbesondere der Finanzierungsmöglichkeiten und deren entsprechende Wirkung in Unternehmen.

Fächerkombinationen

Aufgrund vielfacher Überschneidungen eignen sich Kombinationen mit den Fächern Rechtswissenschaften, Steuerlehre, Versicherungsbetriebslehre, Revisions- und Treuhandwesen, Controlling, Organisationslehre, Betriebliche Datenverarbeitung und Industriebetriebslehre.
Da Banken in ihrer Dienstleistungsproduktion auch politische, psychologische, soziologische und ökologische Erkenntnisse berücksichtigen müssen, sind auch diese Richtungen für Absolventen nicht uninteressant.

Berufsperspektiven

Das Studium der Bankbetriebslehre qualifiziert für Aufgaben im Bankbetrieb, bei Kreditinstituten, bei Kapitalanlage- und Vermögensverwaltungsgesellschaften, bei der Bundesbank sowie in den Finanzabteilungen von Unternehmen.

4.7. Controlling/Unternehmensrechnung

→ Revisions- und Treuhandwesen

Fachinhalt

Controlling kommt von "to control", dem englischen Ausdruck für steuern oder lenken. Controlling ist eine spezifische betriebliche Führungsfunktion, mit der das Gesamtunternehmen durch Planung, Kontrolle und Steuerung sowie Informationsversorgung ergebnisorientiert koordiniert wird.
Herzstück der modernen Controlling-Konzeption ist eine entscheidungsorientierte Kostenrechnung. Ein besonderer Schwerpunkt des Faches Controlling ist daher unter anderem die Vermittlung differenzierter Kenntnisse zur flexiblen Plankostenrechnung. Im Bereich der betrieblichen Kontrolle werden insbesondere Abweichungsanalysen, sowie zweckmäßige Methoden für Abweichungsanalysen behandelt. Die Behandlung von Koordinationsrechnungen befasst sich mit den Interdependenzen zwischen Planung, Kontrolle, Organisation und Personalführung.

Sind Sie so gut, wie Sie denken? Wir finden´s raus!

Innovative Produkte vermarkten, Kundenprobleme lösen. Und dies in einem der größten Elektronikkonzerne der Welt. Eine ausgezeichnete Chance für junge, kreative und motivierte Mitarbeiterinnen und Mitarbeiter, die schnell Verantwortung übernehmen wollen. Wir geben Ihnen die Möglichkeit, die Zukunft unseres Unternehmens aktiv mitzugestalten. Starten Sie Ihre Karriere bei Philips!

• Young-High-Potential

In einem dreijährigen Job-Rotation-Programm werden wir Sie fordern – auch international.
Sie arbeiten in mindestens zwei Philips Betrieben und übernehmen dort jeweils nach gezielter Einarbeitung sofort Verantwortung in einem von Ihnen gewählten Bereich.
Je nach Studienschwerpunkt und Interessen sind dies:

- **Vertrieb/Marketing**
- **Einkauf**
- **Controlling**
- **Personalwesen**

Wir fördern Sie individuell durch spezielle Weiterbildungsmaßnahmen und geben Ihnen regelmäßig Feedback über Ihre Leistungen. Wenn wir gemeinsam herausgefunden haben, dass Sie gut sind, übernehmen Sie im Anschluss eine Führungsaufgabe.

Ihr Profil:
- Absolvent/in der FH/Uni der Fachrichtung Wirtschaftsingenieurwesen oder Betriebswirtschaftslehre
- Erstklassiger Hochschulabschluss
- Praktische Erfahrungen in Form von qualifizierten Praktika und Auslandserfahrung
- Sehr gute Englischkenntnisse sowie Beherrschung einer zweiten Fremdsprache

Unsere Erwartungen sind sehr hoch! Aber wer diese große Herausforderung annehmen möchte und besteht, findet bei uns vielfältige Chancen.

Neugierig geworden? Wir sagen Ihnen und Absolventen anderer Fachrichtungen gern mehr – im Internet.

Philips GmbH Hauptniederlassung
Management Development
Herr Wolfgang Brickwedde
Steindamm 94, 20099 Hamburg
E-Mail: Wolfgang.Brickwedde@philips.com
Weitere Jobangebote unter
www.philips.de

Fächerkombinationen

An vielen Universitäten sind Controlling und Unternehmensrechnung zu einem Fach zusammengefasst. Darüber hinaus liegt die Kombination mit folgenden Fächern nahe: Betriebswirtschaftliche Steuerlehre, Prüfungswesen, Wirtschaftsinformatik, Finanzierung oder auch dem Querschnittsfach Mittelstandsökonomie. Controlling-Kenntnisse sollten außerdem einen Basisbaustein in jeder Managementausbildung darstellen.

Berufsperspektiven

Die Arbeitsfelder von Controllern sind vielgestaltig und in zahlreichen mittleren und großen Betrieben zu finden, wie z.B. in Industrie-, Handels-, Bank-, Versicherungs-, Verkehrsbetrieben und neuerdings auch zunehmend in öffentlichen Unternehmen und Institutionen. Spezialisieren kann man sich dabei z.B. in Richtung Absatz-, Produktions-, Logistik-, Personal-, Projekt-, Beteiligungs-Controlling. Besonders erwähnenswert ist ferner die Tatsache, dass die Berufschancen für Controller nicht von konjunkturellen Schwankungen abhängig sind. Vielmehr zeigen Untersuchungen, dass gerade in Krisenzeiten Diplom-Kaufleute mit dem Schwerpunkt Controlling verstärkt gesucht werden.

4.8. Energiewirtschaft

Studieninhalt

Die Energiewirtschaft beschäftigt sich mit den ökonomisch relevanten Fragen der Energiegewinnung, -umwandlung, -verteilung und -nutzung. Die wesentlichen Lehrziele leiten sich aus den Problemstellungen ab, mit denen die Energiewirtschaft konfrontiert ist.
Inhaltlich werden z.B. die volkswirtschaftliche Bedeutung der Energie, die Entwicklung der Energienachfrage und der Energiereserven, aber durchaus auch die Grundlagen der Mineralölverarbeitung behandelt. Weiterhin werden Energiebedarfsmodelle, Energiesystemmodelle oder auch Energiewirtschaftsmodelle im Rahmen von Systemforschung aufgestellt, wofür zum Teil statistische Kenntnisse verlangt werden. Vielfach werden im Fach Energiewirtschaft zudem auch Themen zur Umwelt- und Gesundheitsschädigung durch die Energieversorgung aufgegriffen.

Fächerkombinationen

Besonders interessant dürfte die Kombination mit Fächern wie Marketing, Finanzierung, Produktion, Umweltwirtschaft, Unternehmensführung oder Wirtschaftspolitik sein.

Berufsperspektiven

Das Fach "Energiewirtschaft" soll Studenten auf spätere Tätigkeiten in der Energiewirtschaft sowie in Verbänden, Organisationen und Institutionen, die sich mit Energiefragen beschäftigen, vorbereiten.

4.9. Finanzierungs-/Investitionslehre/ Finanzwirtschaft

Fachinhalt

Im Mittelpunkt dieses Faches steht die Untersuchung verschiedener Finanzierungsarten und Finanzierungsbedingungen, um Entscheidungen über Finanz- oder Sachinvestitionen fällen zu können.
Der Bogen wird dabei von der klassischen Investitionsrechnung bis hin zur Bewertung von Investitionen gemäß der gleichgewichtsorientierten und der einzelwirtschaftlichen Finanzierungstheorie geschlagen.
Die klassische Theorie behandelt weitgehend praxisorientierte Grundsätze in Form von Leitsätzen für die Finanzierung von Unternehmen, während die gleichgewichtsorientierten Ansätze unter anderem untersuchen,
- welche Finanzierungsmöglichkeiten sich einem Unternehmen bieten, also warum in einer bestimmten Situation gerade diese Finanzierungsform (Fremdfinanzierung - Eigenfinanzierung) oder jene Finanzierungsregel Anwendung finden soll,
- zu welchen Konditionen die Unternehmen an den Finanzmärkten Mittel aufnehmen bzw. unterbringen oder
- die Fragestellung nach der optimalen Verschuldungs- und Ausschüttungspolitik von Unternehmen.

Zentrale Parameter der meisten Ansätze sind die erwartete Rendite einerseits sowie die entgegenstehenden Risiken andererseits.
Weitere Inhalte bilden z.B.

- die Analyse von finanzwirtschaftlichen Zusammenhängen zwischen unternehmerischen Entscheidungen und den Finanzmärkten,
- die Erörterung typischer Problemstellungen von komplexen Gläubiger-Schuldner-Beziehungen,
- der Jahresabschluss und die Jahresabschlussanalyse z.b. die Betrachtung der Vermögens- und Kapitalstruktur in Form von Liquiditäts- oder Cashflow-Analysen,
- die Investitions- und Finanzierungswirtschaft von Non-Profit-Organisationen, wie z.b. Stiftungen und Vereinen u.a. durch die Untersuchung von Rahmenbedingungen sowie
- das internationale Finanz-, Investitions- und Risikomanagement mit Aspekten internationaler Finanzmärkte, Problemen der Finanzmittelbeschaffung und der Finanzplanung internationaler und multinationaler Konzerne oder dem Währungsmanagement von Unternehmungen.

Voraussetzungen

Die Lehrveranstaltungen erfordern die Beherrschung der Mathematik und der Statistik z.b. für Risikoüberlegungen sowie der rechtlichen Grundlagen (Gesetze und Vorschriften des HGB oder Aktiengesetzes). Im Allgemeinen reichen hierfür die im Grundstudium vermittelten Kenntnisse für das Verständnis aus.

Fächerkombinationen

Entsprechend der Vielfalt der fachübergreifenden Fragestellungen ist kaum eine Kombinationsmöglichkeit aus dem betriebswirtschaftlichen, wie auch aus dem volkswirtschaftlichen Bereich auszuschließen. Weiterhin kann es sinnvoll sein, auch juristische, soziologische, psychologische oder politologische Gebiete im Zusammenhang mit finanzwirtschaftlichen Aspekten abzudecken.

Berufsperspektiven

Die Absolventen des Faches "Finanzwirtschaft" können bei geeigneter Qualifikation alle Führungspositionen im Bereich der betrieblichen Finanzwirtschaft sowie gegebenenfalls des Rechnungswesens in Unternehmen besetzen. Des weiteren stehen ihnen Tätigkeiten in Kreditinstituten, Versicherungen oder Kapitalanlagegesellschaften offen.

4.10. Finanzwissenschaft/Öffentliche Finanzen

Fachinhalt

Im Fach Öffentliche Finanzen, bzw. Finanzwissenschaft bildet nicht der marktwirtschaftliche, sondern der staatswirtschaftliche Teil unserer sozialen Marktwirtschaft den Gegenstand des Faches. Zum Staat zählen hierbei nicht nur Bund, Länder und Gemeinden, sondern auch die Sozialversicherungen und zwischenstaatliche Organisationen.

Der Gesamtbereich der öffentlichen Finanzen besteht aus funktionellen und institutionellen Teilbereichen, die meist auch getrennt behandelt werden. Es findet eine theoretische Begründung staatlicher ökonomischer Aktivität statt. Ferner werden Haushaltsplanung, öffentliche Einnahmen/Ausgaben und die Theorie der Finanzpolitik analysiert. Dabei werden die Teilbereiche Besteuerung und die soziale Sicherung aufgrund ihres hohen Stellenwerts fast immer besonders ausführlich behandelt.

Das Fach Finanzwissenschaft setzt ein gewisses Interesse an öffentlich-rechtlichen, theoretisch-analytischen Fragestellungen voraus.

Fächerkombinationen

Grundkenntnisse im Bereich der Finanzwissenschaft sind wegen des großen Anteils der Staatsausgaben am Sozialprodukt (Staatsquote in Deutschland nahezu 50%) und der besonderen Bedeutung der Steuern für die Entwicklung der Volkswirtschaft für alle wirtschaftswissenschaftlichen Studiengänge erforderlich. Enge Verbindungen bestehen insbesondere zum Fach Betriebswirtschaftliche Steuerlehre. Im Hinblick auf die Themengebiete soziale Sicherung und Gesundheitsökonomie besteht eine Nähe zum Vertiefungsfach Versicherungsbetriebslehre. Aber auch alle anderen volkswirtschaftlichen Vertiefungsfächer lassen sich gut in Verbindung mit dem Fach Öffentliche Finanzen studieren. Die zunehmende Relevanz betriebswirtschaftlicher Ansätze in der öffentlichen Verwaltung legt die Kombination auch mit anderen betriebswirtschaftlichen Fächern nahe.

Berufsperspektiven

Eine Spezialisierung allein auf das Fach Finanzwissenschaft ist eher unüblich. Allerdings könnte eine gewisse Schwerpunktsetzung für eine spätere Tätigkeit bei der öffentlichen Hand (Bund, Länder, Gemeinden, Bezirke sowie deren

Untergliederungen und ausgelagerte Institutionen) sehr nützlich sein. Das gilt insbesondere auch für eine Anstellung bei Sozialversicherungsträgern, ferner bei Kammern und Verbänden, bei Forschungsinstituten oder bei der Regionalplanung. In Institutionen der privaten Wirtschaft sind, insbesondere in Verbindung mit vertieften Steuerkenntnissen, Beschäftigungsverhältnisse in den steuerberatenden Berufen bzw. in den Steuerabteilungen von großen Unternehmungen Bereiche, in denen vertiefte finanzwissenschaftliche Kenntnisse von besonderem Nutzen sein können.

4.11. Geld-, Kredit-, Währungspolitik

Fachinhalt

Zu den Schwerpunkten dieses volkswirtschaftlichen Faches gehört die Analyse der Entwicklungen im Bereich Geld, Kredit und Währung sowie die Frage nach der Notwendigkeit der Geldpolitik und ihren Zielen.
Die Geldpolitik behandelt nationale, die Währungspolitik internationale Sachverhalte. Die Währungspolitik soll dabei die nationale Geldpolitik unterstützen und den nationalen und internationalen Zahlungsverkehr sicherstellen.
Die Organisationen, die sich mit der Politik befassen, sind primär nationale/internationale Zentralbanken oder supranationale Einrichtungen, wie z.B. der Internationale Währungsfonds.
Inhalte des Faches sind weiterhin Einflüsse auf die Geldversorgung, z.B. durch spezielle nationale und internationale Zahlungssysteme, die den Einfluss der Zentralbanken überschreiten und somit den Devisenkurs oder den Bestand an Währungsreserven verändern können. Hier ist die Rolle des Staates zu beachten, der auch außenwirtschaftlich aktiv ist und durch öffentliche Einnahmen und Ausgaben in bestimmter Weise den Geldverkehr beeinflusst.
Eine zentrale Bedeutung unter geld- und währungspolitischen Gesichtspunkten hat auch das Inflationsproblem. Inhaltlich können dabei die Gründe und Gefahren der Inflation, konkrete Beschäftigungs- und Wachstumsprobleme sowie die Wege, eine stabile Geldpolitik zu erreichen, behandelt werden.
Die Maßnahmen der Geld- und Finanzpolitik sind bei unternehmerischen Entscheidungen vor allem im Bereich der Finanzierung aber auch in den Bereichen Beschaffung, Produktion und Absatz einzukalkulieren. Es ist also

notwendig, neben den überwiegend gesamtwirtschaftlichen Fragestellungen auch einzelwirtschaftliche Aspekte zu integrieren. Weitere Inhalte ergeben sich aus den Chancen und Risiken der Europäischen Währungsunion, aus Analysen und Prognosen der Preis- und Zinsentwicklung an Finanzmärkten oder aus den Möglichkeiten digitalen Geldes und des Internets.

Voraussetzungen

Für das Verständnis der Bedeutung geldlicher Impulse, zur Erklärung der Zinsbildung oder bei der Interpretation statistischer Berichterstattungen zur monetären Entwicklung ist es häufig notwendig, dass Grundkenntnisse in der Ökonometrie (z.b. ökonometrische Schätzverfahren) vorhanden sind.

Fächerkombinationen

Eine Kombination mit Bereichen wie Ökonometrie, Internationale Wirtschaftsbeziehungen, Bankbetriebslehre oder Finanzwirtschaft erscheint wegen der übergreifenden geld- und währungspolitischen Fragestellungen sinnvoll.

Berufsperspektiven

Es gibt eine Vielzahl von finanzwirtschaftlich orientierten Tätigkeitsfeldern, die sich mit den Problemen der Geld-, Kredit- und Währungspolitik befassen. Eine Beschäftigung findet man insbesondere bei Geschäftsbanken, Investmentbanken, Fondsgesellschaften, Versicherungsgesellschaften, Beratungsfirmen, öffentlichen Verwaltungen und bei anderen nationalen und internationalen Institutionen, die mit Problemen aus dem monetären, finanzwissenschaftlichen Bereich konfrontiert werden.

4.12. Genossenschaftswesen

Fachinhalt

Das Fach Genossenschaftswesen behandelt ökonomisch relevante Besonderheiten von Genossenschaften. Genossenschaften sind klassische, in einer Marktwirtschaft agierende Unternehmen, deren Hauptzweck nicht die Gewinnmaximierung, sondern die wirtschaftliche Förderung ihrer Mitglieder ist. Genossenschaften sind also weder eine sozialistische Organisationsform noch stellen sie Unternehmen dar, welche die Allgemeinheit in irgendeiner Weise selbstlos fördern. Zur Zeit gibt es über 10.000 Genossenschaften in der Bundesrepublik Deutschland mit mehr als 20 Mio. Mitgliedern in allen Bereichen der Wirtschaft. Am bekanntesten sind die Kreditgenossenschaften, wie z. B. die Volks- und Raiffeisenbanken, aber auch z. B. die DATEV eG mit über 35.000 Steuerberatern als Mitgliedern. Weiter gibt es Wohnungsbaugenossenschaften, landwirtschaftliche Bezugs-, Absatz- und Verwertungsgenossenschaften, sowie Einkaufsgenossenschaften des Einzelhandels.

Im Mittelpunkt der Genossenschaft stehen die Mitglieder, die in einer multifunktionellen Beziehung zu ihrem gemeinschaftlich getragenen Unternehmen stehen: Sie zeichnen einen Geschäftsanteil und stellen so Kapital bereit, sie übernehmen in gewissem Umfang eine Haftungsfunktion, sind gleichzeitig Träger und Kunde der Genossenschaft und üben Mitwirkungs- und Kontrollrechte nach dem Gleichheitsgrundsatz "Ein Mitglied - eine Stimme" aus.

Fächerkombinationen

Zu empfehlen sind folgende Kombinationen:
- Bankbetriebslehre oder Finanzierung (für BWLer) bzw. Geld- und Kreditpolitik (für VWLer), sofern eine Tätigkeit im genossenschaftlichen Bankensektor angestrebt wird.
- Handelsbetriebslehre bzw. Marketing, sofern eine Tätigkeit im Franchising-Bereich oder im genossenschaftlich organisierten Handel (EDEKA, REWE) angestrebt wird.
- Revisions- und Treuhandwesen bzw. Steuerlehre, wenn eine Tätigkeit im genossenschaftlichen Prüfungswesen angestrebt wird.
- Öffentliche Betriebswirtschaftslehre/Verwaltung

Darüber hinaus kombinieren viele Studierende das Fach Genossenschaftswesen auch mit Organisationslehre, Personalwirtschaft und Internationalem Management.

Berufsperspektiven

Die Berufsaussichten sind gut. Insbesondere Genossenschaftsbanken haben bisher noch ein Akademikerdefizit. Hier dürften sich in den nächsten Jahren auch kleinere Banken um entsprechenden Nachwuchs zu bemühen haben, um bei der "Akademisierung der Wirtschaft" mithalten zu können. Attraktive Arbeitgeber stellen insbesondere die Genossenschaftsverbände in ihrer Funktion als Prüfungs- und Beratungsorgane sowie die genossenschaftlichen Zentralunternehmen und Spitzeninstitute dar. Auch in sonstigen kooperationswirtschaftlich tätigen

Unternehmen (Einkaufsvereinigungen, Unternehmenskooperationen etc.) oder Verbänden gibt es Berufschancen für Absolventen des Faches Genossenschaftswesen. Als besonderer Pluspunkt ist hier vor allem die interdisziplinäre Ausbildung mit ihrem breiten Horizont hervorzuheben, die ein großes berufliches Einsatzspektrum erlaubt.

4.13. Gesundheitsökonomie/-management

Fachinhalt

Das Fach gilt als Schnittstelle zwischen Medizin und Ökonomie. Die Untergliederung in Gesundheitsökonomie (volkswirtschaftlicher Bereich) und Gesundheitsmanagement (betriebswirtschaftlicher Bereich) ist erforderlich, um einerseits das gesamte Gesundheitswesen ökonomisch zu bewerten, andererseits gesundheitsökonomische Sachverhalte auf einzelbetrieblicher Ebene zu behandeln. Ein Bestandteil des Bereichs Gesundheitsmanagement kann z.B. die Steuerung von Einrichtungen des Gesundheitswesens mittels betriebswirtschaftlicher Kennzahlensysteme, aber auch die Krankenhausbetriebslehre sein. In ihr werden vor allem die Probleme des Krankenhausrechnungswesens und –Controllings, der Führung, Organisation und Planung im Krankenhaus erörtert.

Im Allgemeinen werden neben überwiegend geschäftlichen Aspekten (z.B. Prozessoptimierung oder Marketing) auch weniger wirtschaftliche Aspekte, wie qualitätssichernde Maßnahmen von Gesundheitsdienstleistungen behandelt.

Weitere zu berücksichtigende Probleme ergeben sich aus den Richtlinien des Gesetzgebers. So müssen im Rahmen der gesetzlichen Absicherung des Gesundheitsrisikos effiziente Lösungen gefunden werden. Aktuelle Beispiele mit marktwirtschaftlichen Elementen sind z.B. der Wettbewerb gesetzlicher Krankenkassen oder das leistungsorientierte Krankenhausvergütungssystem. Speziell durch diese Probleme hat das Fach in letzter Zeit zunehmend an Bedeutung gewonnen. Da in der Gesundheitswirtschaft nicht nur spezielles betriebs- und volkswirtschaftliches Wissen, sondern auch Wissen über den Gesundheitsmarkt vermittelt und rechtliche Grundlagen geklärt werden, sind in dem Studiengang neben Wirtschaftswissenschaftlern auch Studenten der Medizin und Jura sowie externe Praktiker vertreten.

Fächerkombinationen

Da die Studenten des Faches besonders zur Übernahme von Führungsaufgaben in Unternehmen und Institutionen des Gesundheitswesens qualifiziert werden, ist eine Kombination mit den Fächern Organisation und Controlling zu empfehlen. Wenn man später im Krankenversicherungsbereich arbeiten möchte, bietet sich das Fach Versicherungsbetriebslehre als sinnvolle Ergänzung an.

Berufsperspektiven

Das Studium Gesundheitsökonomie/-management soll Studenten zur Bewältigung einzelbetrieblicher Probleme in Institutionen des Gesundheitswesens befähigen. Das Fach qualifiziert besonders für Tätigkeiten bei gesetzlichen Krankenkassen, privaten Krankenversicherungen, Krankenhäusern, in der Pharmaindustrie, bei kassenärztlichen Vereinigungen, Berufsgenossenschaften, Behörden und Verwaltungen, Prüfungs- und Beratungsgesellschaften sowie in der Forschung und Lehre.

4.14. Handelsbetriebslehre/Distributionswirtschaft

→ Marketing

Fachinhalt

In diesem Fach wird eine fundierte Ausbildung zu Theorien, Methoden und Techniken des Marketing unter Berücksichtigung der institutionellen Besonderheiten des Handels angeboten. Als grundsätzliche Zugänge zu diesem Fach stehen dafür entscheidungsorientierte und verhaltensorientierte Ansätze im Mittelpunkt.

Behandelt werden insbesondere Themen wie:
- Die Stellung des institutionellen Handels in der Volkswirtschaft,
- ausgewählte theoretische Basiskonzepte der Handelsbetriebslehre (die Lehre von den Handelsfunktionen, Transaktionskostentheorie, Erfolgsfaktorenforschung usw.),
- Instrumente der Unternehmensführung im Handel sowie
- Probleme der Binnenhandelspolitik.

Ebenso können die Wahl der Betriebsform und des Unternehmensstandortes sowie die Sortiments-, Preis- und Kommunikationspolitik behandelt werden.

Fächerkombinationen

Aufgrund der absatzwirtschaftlichen Ausrichtung des Faches Handelsbetriebslehre bzw. Distributionswirtschaft bestehen Überschneidungen mit den Lehrinhalten der Fächer Marketing, Industriebetriebslehre/Produktionswirtschaft, aber auch Logistik.

Möchte man sein Studium breiter auslegen, so bieten sich insbesondere die Fächer Organisationslehre, Finanzierungslehre, Unternehmensrechnung oder Wirtschaftsprüfung an, die auch von direktem Nutzen für das Handelsmanagement sind.

Berufsperspektiven

Das Fach Handelsbetriebslehre qualifiziert für viele Positionen innerhalb von Groß- und Einzelhandelsbetrieben, Dienstleistungsbetrieben und Marketingabteilungen von Herstellerbetrieben und dort insbesondere für die Bereiche Beschaffung Organisation sowie Marketing. Darüber hinaus gibt es eine Reihe von Tätigkeiten außerhalb von Handelsunternehmen, bei denen handelsbetriebswirtschaftliches Wissen gefragt ist. Hierbei ist vor allem an Tätigkeiten im Produktmanagement sowie im Absatzbereich von Konsumgüterherstellern, die mit Handelsunternehmen kooperieren, zu denken. Auch in den Researchabteilungen von Banken bzw. Fondsgesellschaften sind fundierte Kenntnisse der Handelsbetriebslehre hilfreich. Im Zuge der zunehmenden Bedeutung des E-Commerce rücken auch Aspekte der Logistik stärker in den Vordergrund, so dass beispielsweise in Speditionen oder anderen Logistikdienstleistern handelsbetrieblicher Sachverstand zunehmend gefragt sein wird.

4.15. Industriebetriebslehre

→Produktionswirtschaft

Fachinhalt

Die Industriebetriebslehre behandelt das breite Spektrum ökonomischer Probleme von Industriebetrieben. Die Produktion nimmt dabei als wertschöpfender Prozess in Industriebetrieben eine zentrale Stellung ein. In der Industriebetriebslehre werden sowohl Fragestellungen behandelt, die im direkten Zusammenhang mit der Produktion stehen, als auch Probleme der Beschaffung, Marketing, Logistik und angrenzender Fachgebiete.

Das Themenspektrum umfasst unter anderem:
- Erklärungsaussagen in der Produktions- und Kostentheorie,
- Entscheidungsaussagen im Produktionsmanagement,
- Produktentwicklung und Produktionsprogrammplanung,
- Ressourcen- und Technologieplanung,
- Prozessgestaltung.

Eine Sonderstellung nimmt dabei das Industrielle Management ein, das sich im Rahmen des strategischen Managements mit der Standortplanung, der Auswahl von Märkten, den Produktionstechnologien, dem Personalmanagement und der Organisation eines Industriebetriebes beschäftigt. Im operativen Management werden aktuelle, praxisrelevante Konzepte und Verfahren der Produktionsplanung und -steuerung geplant.

Die vielfältigen Prozesse und ihr Gestaltungsbedarf unter wirtschaftlichen Gesichtspunkten sowie die Entwicklung neuer EDV-gestützter Fertigungstechnologien stellen weitere besondere Ansprüche an die Breite der wissenschaftlichen Ausbildung im Fach Industriebetriebslehre dar.

Generelles Ziel der Industriebetriebslehre ist es, Kenntnisse und analytische Fähigkeiten zu vermitteln, die den Absolventen in die Lage versetzen, ökonomische Fragestellungen zu analysieren, industrielle Prozesse zu planen und zu gestalten und mit wissenschaftlichen Methoden komplexe Problembereiche zu durchdringen.

Fächerkombinationen

Zu den am häufigsten gewählten Fächerkombinationen des BWL-Studiums zählt die Kombination von Industriebetriebslehre und Marketing. Diese beiden Fächer decken ein relativ breites Spektrum der Betriebswirtschaftslehre ab. Ebenfalls sehr beliebt sind Fächerkombinationen mit Logistik, Unternehmensforschung, Controlling, Organisationslehre bzw. Personalwirtschaft. Für die EDV-interessierten Studenten bietet sich die Kombination von Industriebetriebslehre und Wirtschaftsinformatik an.

Berufsperspektiven

Im Unterschied zu vielen anderen Wahlfächern gibt es bei der Industriebetriebslehre zumeist keine stromlinienförmigen Karriereaussichten, wie etwa als Wirtschaftsprüfer, Steuerberater oder Produktmanager. Bedingt durch die Breite der Ausbildung des Faches stehen eine Fülle beruflicher Einsatzmöglichkeiten offen. Bevorzugte Tätigkeitsfelder sind traditionell das Controlling und die Unternehmensberatung, d.h. Bereiche, in denen im besonderen Maße analytische Fähigkeiten und Verständnis für komplexe ökonomische Zusammenhänge erforderlich sind. Darüber hinaus sind Absolventen der Industriebetriebslehre in sehr vielen betrieblichen Funktionsbereichen anzutreffen (z.B. Logistik, Einkauf und Lagerwirtschaft, Fertigungssteuerung, Organisation). Durch die weiter zunehmende Intensivierung und Internationalisierung des globalen Wettbewerbs hat die Bedeutung der Produktion innerhalb der strategischen Ausrichtung der Unternehmen in den letzten Jahren deutlich zugenommen. Es ist daher davon auszugehen, dass die Nachfrage nach qualifizierten und engagierten Führungskräften in diesem Bereich auch in den nächsten Jahren unvermindert hoch sein wird.

4.16. Informationsmanagement/Betriebswirtschaftliche Information und Kommunikation

Fachinhalt

Informationen spielen in der Wirtschaft eine immens wichtige Rolle. Ohne die - wie auch immer geartete - Bearbeitung von Informationen funktioniert heute kein Unternehmen mehr. Selbst kleinste Betriebe werden kommunikativ tätig. Die Hauptaufgabe der auf den Informationsfluss ausgerichteten Wirtschaftskommunikation liegt folgerichtig in der Übermittlung, der Aufnahme und der Auswertung aller Informationen, die benötigt werden, um den Fortbestand eines Unternehmens am Markt zu gewährleisten.

Die Fachrichtung behandelt neben den Grundlagen der Information und Kommunikation im engeren Sinne (Datenpräsentation, Umgang mit Datenbanken oder e-Mail-Management, Internet) die Gestaltung betrieblicher Informations- und Kommunikationssysteme.

Der wichtigste Aspekt ist dabei das Informationsmanagement, dessen Schwerpunkt die Planung des Informationsbedarfs und die Informationsvermittlung darstellt. Die Verwendung von Software zum Management von Informationen spielt dabei eine besondere Rolle. Weiterhin können organisatorische Probleme der inner- und zwischenbetrieblichen Arbeitsteilung oder strukturelle Probleme der Organisation von Märkten, Unternehmen und Arbeitsbedingungen untersucht werden. Diese resultieren häufig aus nicht realisierten Kommunikationsmöglichkeiten.

Die Erkenntnisse, die hieraus gewonnen werden, sind geeignet, um Koordinations- und Anreizstrukturen für unterschiedliche Aufgabenstellungen herzuleiten, um eine effiziente Leistungserstellung zu ermöglichen. Ziel des Faches ist es, die Einsatzmöglichkeiten und Grenzen aktueller Informations- und Kommunikationstechniken kennenzulernen, um die Absolventen in die Lage zu versetzen, betriebswirtschaftliche, insbesondere organisatorische Zusammenhänge zu beurteilen und Managementfragen systematisch und fundiert lösen zu können.

Fächerkombination

Fachliche Zusammenhänge bestehen insbesondere mit dem Fach Marketing, aber auch mit Organisationslehre/Unternehmensführung. Darüber hinaus sind Kenntnisse in Statistik sowie im EDV-Bereich im Hinblick auf die späteren Berufsperspektiven sinnvoll.

Berufsperspektiven

Ganz allgemein ausgedrückt, planen und konzipieren Absolventen des Schwerpunkts Informationsmanagement die internen und externen Kommunikationsprozesse von Unternehmen, seien es nun Industrie-, Handels- oder Dienstleistungsfirmen, Agenturen oder Medienverbände. Soll sich beispielsweise ein kleiner Verlag auf einer Fachmesse präsentieren oder gibt er das zur Verfügung stehende Geld lieber für eine höhere Auflage der Verlagsprospekte aus? Soll ein mittelständisches Unternehmen Anzeigen in auflagenstarken Tageszeitungen schalten oder erreicht es seine Zielgruppe besser über Fachzeitschriften? Das sind klassische Fragen für Studenten des Informationsmanagements, die sie nicht aus dem Bauch heraus beantworten, sondern auf der Basis von theoretischem Wissen, in Kenntnis der gesamten Bandbreite von Kommunikationsmedien sowie nach sachkundiger Auswertung von Marktstudien, Leseranalysen, Umfragen, Mediadaten und sonstiger hilfreicher Quellen.

4.17. Innovationsmanagement

Fachinhalt

Technischer und organisatorischer Fortschritt sind die wichtigsten Quellen des Wachstums in den industrialisierten Ländern. Gerade im Globalisierungsprozess werden Unternehmen und andere Institutionen einem immer stärkeren Druck ausgesetzt, Innovationen einzuführen, d.h. neue Produkte, Dienstleistungen, Herstellungsprozesse und Organisationsformen zu entwickeln und in betriebliche Abläufe einzubringen. Innovation ist dabei jedoch kein reiner Zufallsprozess, sondern folgt bestimmten Gesetzmäßigkeiten, die durch theoretische und empirische Arbeiten in der Innovationsforschung für den Einsatz im Management erschlossen werden können.

Zwischen den Universitäten unterscheiden sich die Inhalte des Faches Innovationsmanagement (teilweise auch Technologiemanagement oder auch Schnittstellenmanagement genannt) z.t. erheblich. Generell wird die Planung, Organisation und Kontrolle von Entwicklungsbereichen, sowie die Einführung von Neuerungen - seien es technische oder organisatorische - behandelt, wobei der Faktor Personal für die Bewältigung des technologischen Fortschritts eine zentrale Bedeutung besitzt.

Die Vermittlung von Konzepten und Instrumenten erfolgt häufig fallbezogen und wird durch Rollenspiel oder Simulation möglichst praxisnah gelehrt.

Innovationsmanagement soll Studenten Kenntnisse und praktische Fähigkeiten zum zielorientierten Management von Innovationsprozessen vermitteln und sie darüber hinaus zur selbständigen Konzipierung und Realisierung von innovativen Lösungen befähigen.

Fächerkombinationen

Die alternative Bezeichnung Schnittstellenmanagement verdeutlicht, dass sich das Fach Innovationsmanagement vielfach mit anderen wirtschaftswissenschaftlichen Fächern, vor allem in den Bereichen Marketing und Produktion, überschneidet. Besonders zu empfehlen ist noch eine Kombination mit dem Fach Personalwirtschaftslehre, da Innovationen stets von Menschen ausgehen.

Berufsperspektiven

Gute Einstiegschancen bieten sich in den Planungs- und Controllingbereichen größerer Forschungs- und Entwicklungsabteilungen als Innovationsmanager und in Verbänden der staatlichen Technologiepolitik.

4.18. Internationales Management

Fachinhalt

Internationale Kompetenz ist heute zu einer grundlegenden Notwendigkeit für qualifizierte Fach- und Führungskräfte geworden. Das Studienfach des Internationalen Managements vermittelt diese Schlüsselqualifikationen, indem die internationale Dimension der Unternehmensführung sowie einzelner Funktionsbereiche (Marketing, Finanzierung, Personal und Organisation) systematisch herausgearbeitet wird.

Die Lerninhalte des Faches Internationales Management erstrecken sich primär auf unternehmenspolitische Konsequenzen, die sich aus der Internationalisierung der Unternehmenstätigkeit ergeben. Dabei wird unter anderem auf die verstärkte Einbeziehung west- und osteuropäischer Märkte abgestellt. Einzelne Lehrbereiche des Internationalen Managements sind je nach Universität:
- Managementkonzepte und -strukturen im Ländervergleich
- Außenhandel, internationale Kooperationen und Auslandsgesellschaften
- Internationalisierungsprozesse und internationales strategisches Management
- weltweite Integrations- und Transformationsprozesse und deren unternehmensstrategische Konsequenzen.

Fächerkombinationen

Da das Fach Internationales Management innerhalb der betriebswirtschaftlichen Ausbildung eine Art Querschnittsfunktion einnimmt, stehen viele andere betriebs- und volkswirtschaftliche Fächer, wie Marketing, Controlling, Außenwirtschaft/Außenhandel mit ihm in Verbindung und eignen sich daher für eine Kombination. Es sei noch darauf hingewiesen, dass insbesondere ein international ausgerichtetes Studium verlangt, dass zumindest eine Fremdsprache (→Wirtschaftssprachen) sehr gut beherrscht wird. Zum Teil wird das Fach Internationales Management an den Universitäten auf Englisch unterrichtet.

Berufsperspektiven

Durch das Fach Internationales Management wird versucht, praxisrelevante Fähigkeiten zu vermitteln, wie etwa:
- Vertrautheit mit spezifischen Entscheidungsproblemen grenzüberschreitend tätiger Unternehmen,
- interkulturelle Sensibilität und Kompetenz,
- Erarbeitung länderspezifischer und -übergreifender Problemlösungsansätze,
- Methoden- und Instrumentenkenntnis,
- funktionsbereichsübergreifendes Denken.

Hierdurch soll man später besonders für Positionen in internationalen Großunternehmen oder exportorientierten mittelständischen Unternehmen qualifiziert werden.

4.19. Logistik

→Transportwirtschaft

Fachinhalt

Die betriebswirtschaftliche Logistik befasst sich mit den betrieblichen Mitteln zur Überwindung örtlicher und zeitlicher Distanzen. Entscheidungsprobleme im Zusammenhang mit der Gestaltung von Transport- und Lagerhaltungssystemen stehen allgemein, d.h. losgelöst von der Institution Verkehrsbetrieb, im Zentrum der universitären Betrachtung.
Folgende Bereiche sind Gegenstand des Studiums der Betriebswirtschaftlichen Logistik:

- Standortplanung,
- Planung von Transport- und Lagerkapazitäten,
- Lagerhaltungsplanung,
- Transportplanung,
- Fahrzeugeinsatz- und Routenplanung,
- Analyse, Gestaltung, Steuerung des Güter- und Informationsflusses über Funktions- und Unternehmensgrenzen hinweg,
- Zusammenarbeit in unternehmensübergreifenden Versorgungsketten („Supply Chain Management") und
- spezielle Fragestellungen logistischer Dienstleistungsunternehmen (Transport, Verkehr, Informationsdienstleister, Touristik).

Das Studium des Faches Betriebswirtschaftliche Logistik soll in die Lage versetzen, typische Problemstrukturen aus dem Bereich der Logistik zu erkennen, zu analysieren, in Planungsansätze zu transformieren und in praktische Anwendungen umzusetzen.

Fächerkombinationen

Ein auf das Tätigkeitsfeld Beschaffung, Materialwirtschaft und Absatz ausgerichtetes Studium legt es nahe, das Fach Marketing neben der betriebswirtschaftlichen Logistik zu wählen.
Da ein großer Teil der Verkehrsbetriebe in einer öffentlich-rechtlichen Organisationsform geführt wird, kann - bei entsprechenden Berufsvorstellungen - auch das Fach Verwaltungsbetriebslehre eine geeignete Kombination mit der betriebswirtschaftlichen Logistik bilden.

Außerdem sind Grundkenntnisse der Datenverarbeitung für die sinnvolle Lösung logistischer Planungsprobleme unabdingbare Voraussetzung, so dass das Fach der betriebswirtschaftlichen Datenverarbeitung (Wirtschaftsinformatik) für eine spätere Tätigkeit in Planungsabteilungen eine zweckmäßige Ergänzung darstellt. In gewisser Hinsicht artverwandt sind noch die Fächer Unternehmensforschung, Industriebetriebslehre sowie Statistik.

Berufsperspektiven

Logistiker sind als generalistisch geprägte Manager in allen Wirtschaftszweigen gefragt. Sie erfahren durch die fortschreitende Globalisierung eine zunehmende Bedeutung. Neben einer beruflichen Tätigkeit in Verkehrsbetrieben, in den Bereichen Transport, Lagerhaltung und Umschlag ist das Fach Logistik besonders für Studierende geeignet, die in den Gebieten Beschaffung, Materialwirtschaft und Absatz arbeiten wollen. Daneben kommen - wegen der relativ starken Betonung des Planungsaspektes - auch die Bereiche Unternehmensplanung oder Controlling als spätere Arbeitsgebiete in Betracht.

4.20. Marketing und Absatzwirtschaft

Fachinhalt

Die Bezeichnungen Marketing und Absatzwirtschaft bezeichnen das gleiche Studienfach. Marketing umfasst alle Aktivitäten eines Unternehmens, die auf den Absatz seiner hergestellten Produkte abzielen. Da Marketing heutzutage als Managementkonzept nahezu aller Unternehmen verwendet wird, vermittelt das Studienfach zumeist Basiswissen der Betriebswirtschaftslehre. Häufig werden dabei für das empirische Arbeiten im Rahmen von Übungsprojekten (Marktforschungspraktikum) oder im Zusammenhang mit Diplomarbeiten Statistikkenntnisse erwartet.
Je nach Uni werden verschiedene Schwerpunkte gesetzt:
- Konsum- und Marktforschung: Hier werden einerseits die wichtigsten Theorien und Modelle zur Erklärung des Konsumverhaltens dargestellt. Andererseits werden Probleme der Marktforschung, wie die Vorbereitung und Durchführung von Datenerhebungen sowie verschiedene

Verfahren der Datenauswertung zur Informationsgewinnung über Märkte und Marktteilnehmer behandelt.
- Kommunikations- und Absatzpolitik sowie Produkt-, Sortiments- und Preispolitik untersuchen die Beeinflussung von Marktteilnehmern mit Hilfe von Marketing-Instrumenten.
- Beim Marketing-Management werden die strategischen Entscheidungen wie Planung, Controlling, oder auch Aspekte des Internationalen Marketing behandelt.

Zum Teil werden auch rechtliche und ökologische Aspekte des Marketing oder Aspekte der internen Organisation aufgegriffen.

Fächerkombinationen

Sinnvolle Fächerkombinationen mit Absatzwirtschaft/Marketing sind u.a.:
- Psychologie, um z.b. Käuferverhalten analysieren zu können,
- Soziologie, wenn man sich auf Konsumgütermärkte, Karrieren im Handel, den Medien und der Werbung ausrichten möchte,
- Statistik, bei einer Ausrichtung auf quantitative Methoden und Karrieren in der Marktforschung.
- Wählt man Wirtschaftsrecht mit Vertragsgestaltung hinzu, so eröffnen sich häufig gute Chancen im Investitionsgüterbereich.
- Unternehmensrechnung/Controlling ist hilfreich bei Karrieren in Ingenieurfirmen und Mittelbetrieben.
- Betriebswirtschaftliche Steuerlehre zu wählen ist sinnvoll bei einer angestrebten Karriere im Bank- und Versicherungsbereich.
- Als Unternehmensberater, Personalentwickler und in der EDV-Branche werden häufig neben Marketing auch Kenntnisse aus den Fächern Organisation und Informatik gefordert.
- Will man sich auf Karrieren in kleinen und mittleren Unternehmen (KMU) sowie unternehmerische Tätigkeiten ausrichten, dann sollte man Marketing mit Mittelstandsökonomie kombinieren.

Berufsperspektiven

Die beruflichen Positionen, für die eine fundierte Marketing-Ausbildung sinnvoll ist, sind überaus vielfältig. Analysen von Stellenanzeigen zur Folge werden von einem erheblichen Anteil der Jungakademiker Marketingkenntnisse erwartet. Einige typische Marketingberufe sind die Berufe im Verkaufs- bzw.

Vertriebsbereich von Produktions- und Dienstleistungsunternehmen, nahezu alle Berufe im Handelsbereich, im Bereich des Produkt-Managements, in Marktforschungsinstituten sowie in Werbeagenturen und schließlich in einigen Berufen des öffentlichen Dienstes. Eine fundierte Marketing-Ausbildung wird darüber hinaus häufig auch als Basis für Aufgaben in der Unternehmensführung angesehen.

4.21. Mittelstandsökonomie

Fachinhalt

Im Fach Mittelstandsökonomie sollen die theoretischen Hintergründe kleiner und mittlerer Unternehmen (KMU) aus betriebswirtschaftlicher Perspektive vermittelt werden.

Das Fach soll den Studenten zur Entwicklung und Anwendung geeigneter Instrumente und Konzepte zur Identifizierung und Bewältigung der betrieblichen Besonderheiten und Probleme kleiner und mittlerer Unternehmen befähigen. Schwerpunkte bilden dabei die Themenbereiche Existenzgründung und Bilanzanalyse, wobei oft studienfachbegleitend Seminare zu aktuellen Themen aus dem gesamten Spektrum der Betriebswirtschaftslehre angeboten werden. Die zentralen Bereiche sind hierbei insbesondere Management, Finanzierung, Marketing und Controlling.

Fächerkombinationen

Als Ergänzung zum Fach Mittelstandsökonomie dienen vor allem praxisbezogene Fächer, die den Studenten in die Lage versetzen sollen, später selbständig einen Betrieb zu führen. Hierzu gehören sicher die bereits oben genannten Fächer Marketing und Controlling.

Berufsperspektiven

Das Fach Mittelstandsökonomie soll besonders Studenten ansprechen, die sich eine berufliche Zukunft als Unternehmer (Existenzgründer) oder als leitender Mitarbeiter kleiner und mittlerer Unternehmen vorstellen können. Interessant dürfte das Fach auch für Berater in öffentlichen und privaten Institutionen der Mittelstandsförderung und -beratung sowie für zukünftige Entscheidungsträger im Finanzierungs- und Beteiligungssektor sein.

4.22. Öffentliche Betriebswirtschaftslehre/Verwaltung

Fachinhalt

Dieses Fach beschäftigt sich mit der strukturellen Analyse des Aufbaus/der Organisation öffentlicher Unternehmen sowie der wirtschaftlichen Erfüllung ihrer Aufgaben.

Ziel der Veranstaltung ist z.b., die Notwendigkeit bzw. die Schwierigkeiten der bürokratisch und hierarchisch ausgerichteten Grundstrukturen des öffentlichen Wirtschaftens in der Bundesrepublik Deutschland darzustellen und diese mit den unterschiedlichen internationalen Konzepten zu vergleichen.

Zu beachten ist dabei, dass hier der Wettbewerbsdruck für effizientes Wirtschaften im Allgemeinen nicht vorhanden ist. Vielmehr stehen Probleme durch die knapper werdenden finanziellen Ressourcen und das Erfordernis der organisatorischen Umstrukturierung und neuer Managementmethoden für öffentliche Unternehmen im Vordergrund.

Fachübergreifende Beziehungen bestehen zur Volkswirtschaftslehre und speziell zur Finanzwissenschaft, die sich u.a. mit der Frage befassen, wie der Ressourcenbedarf der öffentlichen Verwaltung befriedigt wird, und wie die Handlungen wiederum auf die Wirtschaft und Gesellschaft zurückwirken. Weiterhin existieren enge Beziehungen zur Soziologie und zu politischen Fächern, da einerseits die aus ihnen hervorgegangenen Entscheidungen verwaltet werden müssen und andererseits die Ministerialverwaltung an der Vorbereitung politischer Entscheidungen mitwirkt.

Fächerkombinationen

Die Analyse der Personalstruktur des öffentlichen Dienstes und die mit ihr zusammenhängenden Aspekte der Ausbildung, Rekrutierung und Motivation sind Probleme der Personalwirtschaft, die sich wegen dieser Überschneidungen als Kombinationsfach eignet.

Die Budgetierung und die effiziente Verwendung des Budgets, z.B. auch für die Finanzierung des Personals, lassen sich am besten mit Methoden der Finanzwissenschaft und des Controllings beschreiben.

Berufsperspektiven

Die Verwaltungswissenschaft eignet sich für die Bewältigung der Aufgaben in Bundes-, Landes- und Kommunalverwaltungen sowie in öffentlich-rechtlichen Vereinigungen und anderen gemeinwirtschaftlichen Unternehmen. Außerdem ist das Fach in Unternehmen der Privatwirtschaft gefragt, die häufiger mit öffentlichen Institutionen in Berührung kommen. Das in ihr vermittelte interdisziplinäre Wissen ist weiterhin in mehreren funktionalen Bereichen von Unternehmen, wie dem Personalwesen, dem Budgetwesen oder in anderen Planungs- und Entscheidungsbereichen praktisch verwertbar.

4.23. Ökonometrie

→Statistik

Fachinhalt

Unter Ökonometrie wird das Teilgebiet der Wirtschaftswissenschaft verstanden, das die Wirtschaftstheorie, die Mathematik, die Wirtschaftsstatistik und die Analytische Statistik zusammenführt, um ökonomische Zusammenhänge empirisch untersuchen und quantifizieren zu können. Analysiert wird z.B., welches die Determinanten der Entwicklung der Arbeitslosigkeit sind, wovon der Private Verbrauch abhängt, wie hoch das Wirtschaftswachstum im nächsten Quartal sein wird, oder welche Größen die Geldnachfrage bestimmen. Die Ökonometrie behandelt insbesondere das lineare Regressionsmodell, wobei es weit über die grundlegende Behandlung dieses Modells im Grundstudium hinausgeht.

Die Ökonometrie stellt quasi die auf die Bedürfnisse der VWL angepasste Statistik dar, weshalb Ökonometrie für Studenten der VWL häufig obligatorisch ist.

Auch im betriebswirtschaftlichen Bereich findet die Ökonometrie ihre Anwendung, z.B. bei der Untersuchung der Wirksamkeit von Werbemaßnahmen, bei der Aufstellung von Preis-Absatz- und Kostenfunktionen, bei der Prognose von Umsatzzahlen oder bei der Analyse von Kapitalmarktdaten.

Man unterscheidet zwischen theoretischer und angewandter Ökonometrie: Während sich die theoretische Ökonometrie vorwiegend mit der Entwicklung neuer Schätz- und Testverfahren beschäftigt und deren Eigenschaften untersucht, behandelt die angewandte Ökonometrie empirische Fragestellungen und setzt hierfür vorhandene statistische Methoden zur Datenanalyse ein.

Fächerkombinationen

Die Ökonometrie ist als Wahlfach für alle Volkswirte und alle Betriebswirte mit volkswirtschaftlichem Schwerpunkt geeignet. Bei aktuellen volkswirtschaftlichen Forschungen haben ökonometrische Modelle zur Zeit eine sehr gute Konjunktur. Eine inhaltliche Vertiefung und Spezialisierung bietet darüber hinaus die Kombination der Ökonometrie mit der Statistik.

Berufsperspektiven

Die Ökonometrie stellt ein wichtiges Hilfsmittel für die empirische Wirtschaftsforschung dar und empfiehlt sich für alle Studenten, die in die volkswirtschaftliche Forschung oder Politikberatung gehen wollen. Auch volkswirtschaftliche Prognoseinstitute oder die Researchabteilungen der Banken sind in diesem Zusammenhang zu nennen.

Im Rahmen der BWL lässt sich die Ökonometrie z.B. zur Schätzung von Nachfrageelastizitäten bei Preis-Absatzfunktionen verwenden und eignet sich somit für Tätigkeiten im Marketing.

4.24. Operations Research/ Unternehmensforschung

Fachinhalt

Der deutsche Begriff für das betriebswirtschaftliche Fach Operations Research (OR) lautet Unternehmensforschung und wird weitestgehend synonym verwendet.

OR behandelt Methoden und Verfahren zur Lösung betrieblicher Planungs- und Koordinationsprobleme. Es soll vermittelt werden, reale Probleme modellhaft zu formulieren, sie durch geeignete mathematische Verfahren zu lösen und die Ergebnisse sinnvoll zu interpretieren. Dabei wird eine Vielzahl von mathematischen Modellen für spezifische betriebliche Funktionsbereiche wie Beschaffung, Produktion, Vertrieb, Finanzierung etc. behandelt.

Den Schwerpunkt bildet zumeist das Aufzeigen von komplexen ökonomisch-technischen Planungsaufgaben, bei denen bestimmte Nebenbedingungen zu beachten sind, die dann (zumindest ansatzweise) durch Algorithmen für spezielle Planungsaufgaben wie Netzplantechnik, lineare Optimierung (z.b. Simplex), stochastische Prozesse und Simulationen gelöst werden sollen.

Häufig kommt im OR EDV zum Einsatz, um auch betriebswirtschaftliche Probleme solcher Größenordnungen durchzurechnen, die bisher als praktisch unlösbar galten.

Da bereits einfache OR-Modelle zu ihrer Bewältigung beträchtliche mathematische Kenntnisse, insbesondere im Bereich der Linearen Algebra, teilweise auch in der Differential- und Integralrechnung erfordern, sollten Studenten mit Defiziten auf diesen Gebieten hiervon lieber Abstand nehmen oder diese frühzeitig beheben.

Fächerkombinationen

Da OR sehr mathematisch geprägt ist, scheint eine Kombination mit mathematisch ausgerichteten Fächern sinnvoll. Auch Logistik verwendet häufig ähnliche Modelle zur Beschreibung der betrieblichen Realität. Neben stark mathematisch ausgeprägten Neigungen erfordert OR fast immer auch fundierte EDV-Kenntnisse von den Studenten, so dass dem an OR interessierten Studenten nahegelegt wird, auch EDV-Kurse zu belegen.

Berufsperspektiven

Das Studium vermittelt Kenntnisse, die für Positionen in den Bereichen Organisation und Planung aller Wirtschaftszweige erforderlich sind. Darüber hinaus fördert es die Fähigkeit zum Erkennen von Problemzusammenhängen, zur Abstraktion von Problemstrukturen und zur Beurteilung der Möglichkeiten und Grenzen der Anwendung quantitativer Methoden. Studenten mit einem Studienschwerpunkt im OR bieten sich daher eine Vielzahl qualifizierter Tätigkeiten in der Industrie und Verwaltung sowie bei Beratungs- und Softwaregesellschaften.

4.25. Organisationslehre/Unternehmensführung

Fachinhalt

Dieses Schwerpunktfach befasst sich mit den klassischen Managementfunktionen der Unternehmung, wobei speziell die Inhalte der strategischen Unternehmensführung und der organisatorischen Gestaltung vermittelt werden sollen.
Die Lehrinhalte erstrecken sich auf:
- Grundlagen der Betriebsführung,
- Grundlagen der Betriebsorganisation,
- Organisationsmethoden,
- Personalführung und Führungsorganisation sowie
- EDV und organisatorische Konsequenzen der DV

Dabei beschäftigt sich der Bereich Organisation mit der Analyse der betrieblichen Organisationsstrukturen und der Suche nach den organisatorischen Mitteln, ein angestrebtes Ziel durch die Führung der Mitarbeiter unter den vorgegebenen Bedingungen zu erreichen.
Da die Anforderungen an Organisationen bezüglich Qualität, Effizienz und Schnelligkeit stetig steigen, spielen neben der klassischen Arbeitsteilung (Arbeit in Gruppen, Teamfähigkeit) die Aspekte der Koordination und Integration sowie spezielle Methoden und Techniken eine immer größere Rolle.
Der eher dynamisch ausgerichtete Bereich der Unternehmensführung beschäftigt sich mit der Entwicklung und Durchsetzung von Entscheidungen in Unternehmungen.
Ziel des Faches ist es, die Probleme, Gestaltungskonzepte und -instrumente kennenzulernen, kritisch zu beurteilen und Lösungen zu entwickeln. Weiterhin soll die Gruppen- und Projektarbeit, die Kommunikationsfähigkeit, Argumentationsfähigkeit und Teamfähigkeit gefördert werden.

Fächerkombination

Enge Zusammenhänge der Organisation bestehen mit den Fächern Personalwirtschaft Wirtschaftsinformatik, Produktionswirtschaft und Absatzwirtschaft, die sich daher als Kombinationsfächer eignen. Je nach Universität bedient sich das Fach auch der betrieblichen Datenverarbeitung. EDV-Kenntnisse können aber auf jeden Fall das Verständnis der vermittelten Inhalte erleichtern.

Berufsperspektiven

Für den Absolventen eröffnen sich mehrere Berufsmöglichkeiten, da organisatorische Maßnahmen praktisch in allen betrieblichen Aufgaben und Funktionsbereichen ergriffen werden. Die Organisationslehre eignet sich daher für fast alle Einstiegspositionen bei Großunternehmungen oder Beratungsgesellschaften. Weiterhin könnten klassische Aufgaben in Organisationsabteilungen oder die EDV-Organisation größerer Unternehmen oder freiberufliche Tätigkeiten wahrgenommen werden. Außerdem ist die Organisation in späteren Führungspositionen gut verwertbar.

4.26. Ostasienwirtschaft

Fachinhalt

Regional deckt das Fach Ostasienwirtschaft vorwiegend die chinesischen Staaten (Volksrepublik China mit Hongkong und Macao sowie Taiwan), Japan und Korea ab. Durch die zunehmende Bedeutung Südostasiens, insbesondere der ASEAN-Staaten (Association of South East Asian Nations: Brunei, Indonesien, Laos, Malaysia, Myanmar, Philippinen, Singapur, Thailand, Vietnam) werden auch diese verstärkt behandelt.

Das Fach gibt dabei einen Überblick über die Besonderheiten dieser Weltregionen und versucht, die methodische Vorgehensweise der Wirtschaftswissenschaft mit Studien zu den jeweiligen Regionen (z.B. Kultur, spezifische historisch-politische Ausgestaltung) zu verknüpfen.

Schwerpunkte des Fachs bilden dabei aus volkswirtschaftlicher Sicht die Besonderheiten der Arbeits- oder Finanzmärkte dieser Regionen beziehungsweise aus betriebswirtschaftlicher Sicht Fragen des Marktzugangs oder Aspekte der Unternehmensführung in Asien (z.B. lebenslange Beschäftigung).

Unumgänglich ist die Untersuchung der Wirtschaftsgeschichte, insbesondere der Entwicklung nach dem Zweiten Weltkrieg, die Rolle des Staates in der Wirtschaft, die Außenwirtschaftsbeziehungen, wirtschaftliche Integrationsprozesse in Ostasien, Wirkung von Unternehmensstrategien und die Analyse struktureller Probleme.

Außerdem können aktuelle wirtschaftliche (und politische) Probleme, z.B. der Wandel der Wirtschaftsordnung in der Volksrepublik China, inhaltliche Schwerpunkte bilden.

Voraussetzung

Die Anforderung, die das Fach stellt, ist insbesondere die Bereitschaft, sich mit der Sprache und Kultur ostasiatischer Länder auseinanderzusetzen. Die Grundkenntnisse der japanischen oder der chinesischen Sprache sowie weitgehende praxisrelevante Kenntnisse über Wirtschaft, Gesellschaft, Politik und Recht Japans oder Chinas werden zumeist während des Studiums vermittelt. Durch die Internationalisierung der Wirtschaft, ist zudem interkulturelle Kompetenz nötig.

Fächerkombination

Das Fach Ostasienwirtschaft wird meist als Verknüpfung der Fachgebiete Japanologie/Sinologie und Wirtschaftswissenschaften angeboten. Es kann aber auch als Wahlfach im Rahmen eines Diplomstudienganges Wirtschaftswissenschaften gelehrt und dann mit anderen speziellen Betriebswirtschaftslehren, z.B. Internationales Management oder volkswirtschaftlichen Fächern kombiniert werden.

Berufsperspektiven

Das Fach qualifiziert für Tätigkeiten im Bereich der Internationalen Wirtschaftsbeziehungen, vor allem natürlich in und mit Wirtschaftspartnern in Ostasien.

4.27. Personalwirtschaftslehre

Fachinhalt

Zum Erreichen betrieblicher Ziele werden menschliche Arbeitskräfte eingesetzt, die durch ihr Fachwissen und ihr Engagement zum Erfolg der Unternehmung beitragen. Jedes Unternehmen bemüht sich deshalb, möglichst qualifizierte und engagierte Arbeitnehmer zu gewinnen und produktiv einzusetzen. Die sich dabei ergebenden Probleme und Möglichkeiten werden in der Personalwirtschaftslehre behandelt.

Die Personalwirtschaft ist ein sehr heterogenes Gebiet, welches sich von ökonomischen, rechtlichen, arbeitswissenschaftlichen, soziologischen, psychologischen bis hin zu pädagogischen Fragestellungen erstreckt. Die Ausgestaltung an den Universitäten kann demnach sehr unterschiedlich ausfallen.

Es soll vermittelt werden, betriebliche Personalengpässe zu vermeiden, indem ausreichend qualifiziertes Personal zum richtigen Zeitpunkt, für die benötigte Dauer am jeweiligen Ort bereitgestellt wird. Nur dadurch können betriebliche Prozesse der Leistungserstellung und -verwertung effektiv und effizient durchgeführt werden. Bei einer Vielzahl angestellter Mitarbeiter ist eine arbeitsteilige Organisation unumgänglich. Hiermit beschäftigt sich das betriebliche Personalmanagement.

Zu dem Lehrangebot an den Universitäten gehören u.a.:

- Personaleinsatz, Personalbedarfsermittlung, Personalbeschaffung und -selektion, Personalfreistellung bzw. Personalabbau und Personalentwicklung (Aus- und Weiterbildung der Mitarbeiter),
- Gestaltung betrieblicher Arbeitsbedingungen (Arbeitszeiten, -räume und -plätze),
- Entgeltgestaltung (Vergütung, Vergütungsmodalitäten ausgerichtet an Leistung, Qualifikation, und Anforderungen), Erfolgs- und Kapitalbeteiligung sowie die Gestaltung immaterieller Anreize (z. B. die Zuweisung von Entscheidungskompetenzen, soziale Leistungen, Laufbahngestaltung usw.),
- Gestaltung von Arbeitsverträgen (insbesondere bei arbeitsrechtlichen Schwerpunkten),
- generelle Fragen der Motivation und Führung der Mitarbeiter,
- Arbeitsinhalte und Formen der Zusammenarbeit (z.B. Gruppenarbeit).

Weitere zu erörternde Themen sind, die Entscheidungen der verschiedenen personalverantwortlichen Aufgabenträger zu organisieren sowie diese mit den personalpolitischen Richtlinien der Geschäftsleitung und der Unternehmensstrategie zu vereinbaren.

Durch die zunehmende internationale Tätigkeit der Unternehmen entstehen zusätzliche personelle Anforderungen, die das Arbeitsfeld des Personalmanagements erweitern.

Voraussetzung

Anforderungen, die das Fach Personalwirtschaftslehre stellt, sind unter anderem gute Fremdsprachenkenntnisse, soziale Kompetenz, EDV-Kenntnisse z.B. für die Auswertungen empirischer Untersuchungen sowie Offenheit für fachübergreifende Fragestellung.

Fächerkombinationen

In der umfassenden Personalwirtschaft mit den diversen Ausrichtungsmöglichkeiten ist die Berücksichtigung benachbarter wissenschaftlicher Disziplinen unumgänglich. Hierzu können Erkenntnisse des Arbeits- und Sozialrechts, der Arbeits- und Berufssoziologie, der Pädagogik, der Psychologie (insbesondere der Arbeits- und Organisationspsychologie) und der Arbeitswissenschaft gehören. Daher sind auch Kombinationen mit Fächern diesen Schwerpunkts zu empfehlen. Sinnvoll ist auch die Kombination mit Organisationslehre/Unternehmensführung.

Berufsperspektiven

Da Personal-Management nicht nur in der Personalabteilung, sondern praktisch auch durch jeden Vorgesetzten im Betrieb geleistet wird, durchdringt es den gesamten Betrieb sowie alle Arbeitsbereiche und -prozesse. Dementsprechend qualifiziert das vermittelte Wissen nicht nur für eine personalwirtschaftliche Funktion in Personal- und Organisationsabteilungen, in Personalberatungen, Interessenverbänden oder in der öffentlichen Verwaltung, sondern für nahezu jede Berufsrichtung. Kompetenz in der Auswahl, Beurteilung, Entwicklung und Führung von Mitarbeitern wird außerdem von angehenden Führungskräften erwartet. Da kleinere oder mittelständische Unternehmungen in der Regel keine Personalentwicklungsabteilungen unterhalten, werden Absolventen hier im Rahmen einer Assistententätigkeit für die Geschäftsleitung Aufgaben wahrnehmen können.

4.28. Produktionstheorie/Produktionswirtschaft

→ Industriebetriebslehre

Fachinhalt

Inhalte des Faches Produktionswirtschaft sind alle betriebswirtschaftlich relevanten Sachverhalte, die sich mit Aspekten der Produktion auseinandersetzen. Unter Produktion ist dabei die Kombination produktiver Faktoren zu verstehen, zu denen sowohl die menschliche Arbeit, als auch Betriebsmittel und andere Stoffe gehören, um Sachgüter und Dienstleistungen zu erstellen. Dabei stellen die komplexen Prozesse der Fertigung mit den verschiedenen Einsatzmöglichkeiten der Faktoren, den wechselnden Anforderungen des Marktes bezüglich der Produkteigenschaften sowie den rechtlichen Rahmenbedingungen hohe Ansprüche an Planung, Steuerung und Überwachung der Produktion.
Spezielle Themen der Lehrveranstaltungen behandeln z.B.:
- im Materialbereich die Ermittlung des Materialbedarfs und der -verwendung, das Verfahren der Bedarfsvorhersage, die Rückstandsverwertung, Recycling,
- im Prozessbereich die Vorstellung verschiedener Typen von Produktionssystemen, die Produktionsplanung und -steuerung unter Beachtung der Kapazitäten, verschiedene Planungsprobleme im Produktionsbereich, wie die Leistungsabstimmung bei der Fließbandfertigung,
- in übergreifenden Bereichen Aspekte des Qualitätsmanagements, des Umweltschutzes oder der Produktinnovation.

Den Schwerpunkt des Faches bildet die industrielle Produktionswirtschaft. Es ähnelt daher den Inhalten der Industriebetriebslehre.

Fächerkombinationen

Fächer, mit denen sich die Produktionswirtschaftslehre sinnvoll kombinieren lässt, sind z. B. Organisation, Personalwirtschaft oder Unternehmensrechnung.

Berufsperspektiven

Für Absolventen mit Schwerpunkt in der Produktionswirtschaft bietet sich ein weites Betätigungsfeld im Produktionsbereich wie beispielsweise in der Produktionsplanung und -steuerung, der Arbeitsvorbereitung, der Materialwirtschaft, der Qualitätssicherung und der Anlagenwirtschaft.

Darüber hinaus ist aber auch der Einsatz in andern Bereichen wie der Unternehmensplanung, im Controlling, dem Forschungs- und Entwicklungsmanagement und in der Internen Revision möglich.

4.29. Statistik

→Ökonometrie

Fachinhalt

Statistik ist fast immer Bestandteil des Grundstudiums in BWL bzw. VWL. Als Spezialfach im Hauptstudium beinhaltet Statistik eine Vertiefung des Stoffes aus dem Grundstudium. Während im Grundstudium zumeist nur Uni- und Bivariate Statistik behandelt wird, ist die Multivariate Statistik ein wichtiger Bestandteil des Hauptstudiums. Hier werden also auch Fälle betrachtet, bei denen mehr als zwei Variable vorkommen. Typische Anwendungen der Statistik, z.B. im Marketing, benötigen die Multivariate Statistik.

Typischerweise besteht Statistik im Hauptstudium aus einer allgemeinen Vertiefungsveranstaltung und Spezialveranstaltungen. Nachfolgend werden einige mögliche Schwerpunkte angeführt:

- Multivariate Statistik (Hauptkomponenten-Analyse, Faktoren-Analyse, multidimensionale Skalierung, Clusteranalyse, Diskriminanzanalyse)
- Diskrete Statistik (Analyse diskreter Daten, Kontingenztafelanalyse)
- Zeitreihenanalyse (bei Zeitreihen handelt es sich um Daten, die in der Zeit nacheinander erhoben werden, z.B. Aktienkurse oder Werte des Bruttosozialproduktes)
- Grafische Aufbereitung von Daten und Anwendung von Statistik-Programmpaketen

Fächerkombinationen

Statistik ist mit jedem Fach, in dem empirisch gearbeitet wird, sinnvoll kombinierbar. Hierbei kann es sich um die Ermittlung der Kundeneinstellungen im Marketing oder die Erforschung von Determinanten des menschlichen Verhaltens in der Psychologie handeln. Aber auch in zahlreichen anderen Fächern ist empirische Forschung üblich, so gibt es etwa im Genossenschaftswesen Erhebungen der Mitgliederzufriedenheit. Insbesondere bietet sich Statistik für diejenigen an, die später eine wissenschaftliche Arbeit zu einem empirischen Thema schreiben wollen.

Ein weiterer Bereich, in dem Statistik eine wichtige Rolle spielt, ist die Versicherungsbetriebslehre. Hier sind es vor allem theoretische Konzepte, für deren Verständnis statistische Modelle wichtig sind. Auch in anderen Bereichen, wie z.b. der Entscheidungstheorie, werden Statistikkenntnisse benötigt.

Schließlich ist auch in der VWL empirisches Forschen verbreitet, allerdings hat sich hier ein eigenständiger Zweig der Statistik, die Ökonometrie, gebildet, die sich speziell mit den volkswirtschaftlich relevanten Fragestellungen beschäftigt.

Berufsperspektiven

Statistikkenntnisse eröffnen gute Berufschancen, was auch daran liegt, dass nur wenige Studenten Statistik als Wahlfach wählen. Hierbei spielen sicherlich die relativ hohen mathematischen Hürden eine Rolle. Berufschancen bieten sich einerseits als Statistiker in einer entsprechenden Abteilung, z.b. Marketingabteilung, oder bei der Aufbereitung von Datenmaterial für den Vorstand. Weiterhin wird man aber auch an vielen Stellen in einem Unternehmen mit Datenmaterial, das bereits statistisch aufbereitet ist, konfrontiert. Die Statistikausbildung ermöglicht, aus Daten eigene Schlussfolgerungen zu ziehen bzw. vorhandene Schlussfolgerungen kritisch zu hinterfragen.

4.30. Betriebswirtschaftliche Steuerlehre

Fachinhalt

Das Fach Betriebswirtschaftliche Steuerlehre soll den Studenten befähigen, wirtschaftliche Problemstellungen unter Einbeziehung steuerlicher Aspekte zu beurteilen und insbesondere Entscheidungen unter Berücksichtigung ihrer Steuerwirkungen zu treffen.

Um diese Aufgabe erfüllen zu können, ist es notwendig, die steuerlichen Rahmenbedingungen der Geschäftstätigkeit, also die einzelnen relevanten Steuerarten sowie Gesetzestatbestände, Rechtsprechungen und die Verwaltungsanweisungen (Richtlinien) zu kennen. Die Vermittlung steuerrechtlicher Tatbestände bildet eine Grundvoraussetzung, jedoch nicht den Schwerpunkt des Faches. Kernpunkte stellen vielmehr die Teilbereiche Steuerwirkungslehre sowie die Steuergestaltungslehre dar. Weitere behandelte Themen sind u.a. Aufstellen und Prüfen von Jahresabschlüssen und Konzernabschlüssen, Wechsel der

Unternehmensrechtsform, Einfluss der Besteuerung auf Investitions- und Finanzierungsentscheidungen, Einfluss der Besteuerung auf die Rechnungslegung, insbesondere auf die Handels- und Steuerbilanz und die Vermögensaufstellung. Der Stoff ist meist praxisorientiert, quantitativ ausgerichtet (aber mathematisch eher anspruchslos) sowie in seinem Fundament durch bewährte Lehrbücher abgedeckt und abgegrenzt.

Fächerkombinationen

Als Kombinationsmöglichkeiten mit der betrieblichen Steuerlehre bieten sich Privatrecht, Öffentliches Recht, Revision und Unternehmensrechnung, Investition und Finanzierung und/oder Organisation und Personalwesen an.

An einigen Universitäten werden auch die Fächer Betriebswirtschaftliche Steuerlehre und Wirtschaftsprüfung zu einem Fach zusammengefasst, da beide Lehrgebiete viele Gemeinsamkeiten aufweisen. Beide Disziplinen sind an der Nahtstelle zwischen Betriebswirtschaftslehre und Recht angesiedelt.

Bei einem volkswirtschaftlich orientierten Studium empfiehlt sich außerdem das Fach der Finanzwissenschaft.

Berufsperspektiven

Angesichts der hohen Steuerbelastung, der Wirtschaft und Privatbereich unterliegen, ist die Bedeutung des Faches Betriebswirtschaftliche Steuerlehre für Wirtschaftswissenschaftler evident. Beschäftigungsmöglichkeiten im Steuerwesen bieten die Steuer- und Revisionsabteilungen mittlerer und größerer Unternehmen, insbesondere international tätiger Betriebe sowie Steuerberatungs- und Wirtschaftsprüfungsunternehmen. Möglich sind auch Tätigkeiten als Steuerberater, vereidigter Buchprüfer und/oder Wirtschaftsprüfer, sowie (sehr begrenzt) in der Finanzverwaltung (Finanzministerien und -ämter).

4.31. Tourismusmanagement

Fachinhalt

Die Tourismusbrache erfreut sich einer stark zunehmenden wirtschaftlichen Bedeutung. Dennoch wird das Tourismusmanagement nur an wenigen Universitäten, häufiger an Fachhochschulen, angeboten. Die Studieninhalte konzentrieren sich auf die ökonomischen Aspekte des Tourismus unter Berücksichtigung einer marketingorientierten Unternehmensführung.
Inhaltliche Schwerpunkte bilden dabei:
- die Untersuchung wichtiger touristischer Teilmärkte (z.B. Reiseveranstaltungen, Analyse der aktuellen touristischen Situation, Reisevermittlung oder Tourismusplanung von Regionen, Städten oder Gemeinden),
- Fragen der Unternehmensentwicklung und -strategie (Entwicklung konkreter Handlungsalternativen und Lösungsvorschläge),
- die Gestaltung von Marketingaktivitäten,
- Stadt- und Regionenmarketing (u.a. Entwicklungsplanung),
- Datenverarbeitung im Tourismus,
- Reiserecht und
- Freizeitplanung.

Das Studium vermittelt im Einzelnen tourismusrelevantes Grundlagenwissen, Fremdsprachenkenntnisse, Wissen über spezifische Arbeitsweisen im Tourismus, Kenntnisse über Ergebnisse und Methoden der Tourismusforschung, Kenntnisse über allgemeine und spezielle Probleme der Berufspraxis im Tourismus und kritisches Verständnis für Ursachen, Formen und Folgen des Tourismus aus ökonomischer, ökologischer, kultureller und soziologischer Sicht.

Voraussetzungen

Zu den Voraussetzungen, dieses Fach zu belegen und später im Beruf Erfolg zu haben, gehören die Bereitschaft zum Umgang mit Menschen, da der Bereich fast ausschließlich dienstleistungsorientiert ist, Kreativität, Flexibilität, hohes persönliches Engagement und vor allem Sprachkenntnisse in mindestens einer Fremdsprache.

Fächerkombinationen

Grundsätzlich ist für das Fach Tourismusmanagement der gesamte Marketingbereich interessant, da Tourismus stets sehr viel mit Vermarktung zu tun hat. Daneben stellen die Fächer Verkehrsbetriebslehre/Transportwirtschaft sinnvolle Ergänzungen dar. Des weiteren sind allgemeine Kenntnisse über strategisches Management, Sprachen und EDV nützlich. Für Marktforschungsuntersuchungen (Reiseanalyse) sind ferner Statistikkenntnisse hilfreich. Außerdem gibt es Überschneidungen mit der Soziologie.

Berufsperspektiven

Eine Ausbildung mit dem Schwerpunkt im Fach Tourismusmanagement qualifiziert für vielfältige Einsatzmöglichkeiten in der Praxis. Es versetzt in die Lage, marktorientierte Angebote für die Reise-, Tourismusbranche (Reiseveranstalter, -mittler), das Gastgewerbe, Fremdenverkehrs- und Kurorte usw. zu gestalten und am Markt durchzusetzen. Dementsprechend gehören zu den Aufgaben leitende Tätigkeiten bei Reiseveranstaltern, in der Hotelbranche, in der Gastronomie, bei Fluggesellschaften, in Verkehrsbetrieben und weitere verantwortliche Tätigkeiten in Städten, Regionen und Kurorten. Dabei gehört weniger eigenes Reisen als vielmehr Schreibtischarbeit zu den Hauptaufgaben.

4.32. Transportwirtschaft

→Logistik

Fachinhalt

Das Fach Transportwirtschaft setzt sich sowohl aus volkswirtschaftlichen (Verkehrswissenschaften) als auch aus betriebswirtschaftlichen (Verkehrsbetriebslehre) Lehrinhalten zusammen. Die volkswirtschaftlichen Fragestellungen betreffen Gebiete wie z.B. die Bedeutung der Verkehrsinfrastruktur für Volks- und Weltwirtschaft, die Raumordnung, die Rolle der Verkehrsträger (Straßen-, Schienen-, See- und Binnenschiffsverkehr) oder Wechselwirkungen zwischen Verkehr und Umwelt.
Den betriebswirtschaftlichen Schwerpunkt bilden typische Fragestellungen von Unternehmen des Güterverkehrs, der Personenbeförderungen und der Verkehrsvermittlung (z.B. Spedition).

An einigen Lehrstühlen wird das Fach allerdings auch unter einer einheitlichen Betrachtungsweise als Transport- bzw. Verkehrswirtschaft angeboten. Es handelt sich in diesem Fach im Allgemeinen um ordnungspolitische, strategische und spezielle logistische Lehrinhalte wie
- die Transportkostenabhängigkeit von Industriezweigen
- die Liberalisierung der Verkehrsmärkte
- den Wettbewerb zwischen Verkehrsflughäfen
- den Preiswettbewerb der Hafenstädte oder
- die Citylogistik.

Fächerkombinationen

Aus fachlichen Gesichtspunkten heraus bieten sich als Wahlkombinationen mit dem Fach Transportwirtschaft insbesondere die folgenden volkswirtschaftlichen bzw. betriebswirtschaftlichen Fächer an:
- Logistik (sofern zusätzlich angeboten)
- Marketing/Absatzwirtschaft,
- Industrielles Management und Controlling,
- Internationales Management,
- Wirtschaftsinformatik.

Vertiefte Kenntnisse in der EDV werden in der Praxis, gerade im Hinblick auf logistische Problemlösungen, hoch eingeschätzt. Insofern wird die Beschäftigung mit EDV dringend empfohlen.

Fremdsprachenkenntnisse (Englisch, Französisch, Spanisch) werden wegen der Internationalität der transportwirtschaftlichen Aufgabenstellungen ebenfalls von der Praxis gewünscht.

Berufsperspektiven

Aufgabenfelder für Absolventen des Faches Transportwirtschaft finden sich später bei Speditionsunternehmen, Binnenschiffs- und Seeschifffahrtsreedereien, der Deutschen Bahn AG und sonstigen Bahngesellschaften, Luftverkehrsunternehmen, Seehafen-, Binnenhafen- und Flughafenunternehmen, Kurier-, Express- und Paketdiensten, der verladenden Wirtschaft (Industrie und Handel), in transportwirtschaftsbezogenen Funktionsbereichen (Materialwirtschaft, Logistik, Einkauf, Vertrieb), Ministerien von Bund und Ländern (insb. Verkehrs- und Wirtschaftsministerien), Industrie- und Handelskammern, Spitzenverbänden der Wirtschaft und der Selbstverwaltungskörperschaften, transportsektororientierten Unternehmensberatungsfirmen, wirtschaftswissenschaftlichen Forschungsinstituten usw.

4.33. Umweltökonomie/Umweltmanagement

Fachinhalt

Gegenstand der Umweltökonomie ist der Konflikt zwischen Ökonomie und Ökologie. Betrachtungsschwerpunkte sind dabei die Effekte des betrieblichen Wirtschaftens auf die Umwelt. Dazu gehören Austauschverhältnisse (z.B. Ressourcenentnahmen) und Flächeninanspruchnahmen (Landschaftsverbrauch). Oberstes Ziel der Umweltökonomie ist ein Umweltschutz im Sinne einer Nachhaltigkeit des Wirtschaftens (sustainable development), da die Umwelt nicht als freies Gut anzusehen ist. "Umwelt" umfasst in diesem Kontext die Naturumwelt sowie die gegenständliche Kulturumwelt (z.B. Bauwerke).

Inhaltlich werden in diesem relativ jungen, jedoch nicht minder bedeutungsvollen Fach naturwissenschaftlich-technische, rechtliche (z.B. Umwelthaftungsrecht, Abfall- und Entsorgungsrecht), soziale, ethische und ökonomische Umweltfragen diskutiert.

Neben ökologischen und ökonomischen Grundlagen sind die Hauptaufgabenfelder:
- der betriebliche Umweltschutz und seine Entwicklung,
- Verwertungs- und Entsorgungskonzepte,
- Energiemanagement (Energiebereitstellung, -anwendung, Energieeinsparung, Nutzung regenerativer Energien) sowie
- Produkt- und Funktionsgestaltung (z.B. ökologische Dienstleistungskonzepte).

Fächerkombinationen

Da der Umweltschutz mit seinem großen Themenspektrum praktisch alle Bereiche der Unternehmen berührt, bieten sich gute Kombinationsmöglichkeiten mit fast allen funktionalen Betriebswirtschaftslehren, wie Produktionswirtschaft, Marketing und Rechnungswesen („Öko-Bilanzen") an. Im Fach Umweltökonomie/Umweltmanagement wird untersucht, welche Bedeutung die verschiedenen Bereiche für eine umweltorientierte Unternehmensführung haben.

Berufsperspektiven

Rechtliche, technologische, ökologische, ökonomische und gesellschaftliche Rahmenbedingungen beeinflussen heutzutage die Entscheidungen des Managements. Die Einführung eines konsequenten Umweltmanagements durchdringt daher alle Unternehmensbereiche, wie Beschaffung, Produktion und Absatz, aber auch Logistik, Controlling, Marketing und Organisation und macht zudem die Schaffung eines neuen Bereichs Entsorgung (inklusive Recycling) erforderlich. Aus diesem Grund bieten sich für Studenten des Faches Umweltökonomie/ Umweltmanagement in nahezu jedem größeren Betrieb, aber auch bei Umweltverbänden und -organisationen gute Berufsaussichten.

4.34. Unternehmensrechnung/Betriebliches Rechnungswesen

Fachinhalt

Die Grundlagen dieses klassischen Bereichs der Betriebswirtschaftslehre werden schon im Grundstudium vermittelt. Das Fach vertieft die Kenntnisse im externen Rechnungswesen (Finanzbuchhaltung, Bilanzierung, Erfolgsrechnung) und im internen Rechnungswesen (Kosten- und Leistungsrechnung).
Teilaufgaben dabei sind unter anderem:
- Dokumentations- und Kontrollaufgaben durch die Ermittlung von Beständen und Bestandsveränderungen durch eine mengen- und wertmäßige Erfassung und Überwachung aller betrieblichen Geld- und Leistungsströme,
- Dispositionsaufgaben,
- die Stichtagsfeststellung bzw. der Zeitvergleich von Bestands- und Erfolgsgrößen,
- Bilanzanalysen sowie
- die Bilanzpolitik, worunter die planmäßige Gestaltung der externen Rechnungslegung nach den Unternehmenszielen zu verstehen ist.

Durch die Untersuchung dieser Bereiche und der planmäßigen Verwendung von anderen Rechnungswesensinformationen soll die Wirtschaftlichkeit kontrolliert werden und eine Planungsgrundlage für die Betriebsführung (Controlling) erreicht werden.

Zunehmend werden auch Aspekte des internationalen Rechnungswesens behandelt, da durch die nationalen handelsrechtlichen Anforderungen an die Rechnungslegung, eine internationale Vergleichbarkeit von Unternehmensdaten bisher nicht gewährleistet ist.
Ergänzend werden Fragen der angewandten Datenverarbeitung behandelt.

Fächerkombinationen

Als Kombination eignet sich unter anderem Betriebswirtschaftliche Steuerlehre, Controlling, Wirtschaftsprüfung, Wirtschaftsinformatik, Finanzierung oder auch Mittelstandsökonomie.

Berufsperspektiven

Für Absolventen eröffnen sich wegen der Verwendungsbreite der Unternehmensrechnung vielfältige Beschäftigungsmöglichkeiten. Dazu gehören Tätigkeiten in den Bereichen Controlling, Rechnungswesen und interne Revision sowie konkret der Beruf des Steuerberaters, des Wirtschaftsprüfers oder des mittelständischen Unternehmers. Ebenso qualifiziert es für spätere Führungstätigkeiten.

4.35. Verkehrsbetriebslehre/ Verkehrswissenschaft

→Transportwirtschaft

4.36. Versicherungsbetriebslehre

Fachinhalt

Dieses Fach bezieht sich vor allem auf die wirtschaftlichen Tatbestände des Versicherungswesens. Für die Versicherungsbetriebslehre werden Methoden und Erkenntnisse verschiedener wissenschaftlicher Disziplinen verwendet. Neben der dominierenden wirtschaftswissenschaftlichen Betrachtung bestehen noch rechtswissenschaftliche, mathematische und sozialwissenschaftliche Aspekte:
- Das Versicherungsrecht ist spezielles Recht zu den wirtschaftlich relevanten Teilen des Privatrechts und des Öffentlichen Rechts; es regelt vorwiegend

wirtschaftliche Tatbestände und umfasst vor allem das Unternehmensrecht, Versicherungsvertrags- und -aufsichtsrecht.
- Die Mathematik, darunter die Wahrscheinlichkeitsrechnung und Statistik, beschreibt technische Grundlagen des Versicherungsgeschäfts, besonders die Regeln für den Risikoausgleich.
- Sozialwissenschaftliche Aspekte der Versicherung ergeben sich aus den Einstellungen des Menschen zum Risiko bzw. zur Sicherheit.

Dabei wird besonders auf den im Grundstudium erworbenen Kenntnissen in Mathematik für Wirtschaftswissenschaftler, Statistik und Rechtswissenschaft aufgebaut. Spezielle Voraussetzungen für ein erfolgreiches Studium der Versicherungsbetriebslehre gibt es nicht. Erfahrungen durch eine praktische Tätigkeit in der Versicherungswirtschaft sind nicht erforderlich, wenngleich sie im Einzelfall das Verständnis erleichtern können.

Fächerkombinationen

Sinnvolle Kombination mit Versicherungsbetriebslehre sind vor allem Bankbetriebslehre, Finanzierung sowie Wirtschaftsinformatik.
Da das Fach eine auf die Besonderheiten der Versicherungswirtschaft zugeschnittene Allgemeine Betriebswirtschaftslehre ist, gibt es auch mit anderen Speziellen Betriebswirtschaftslehren erhebliche Überschneidungen. Die Versicherungsbetriebslehre kann deshalb über den Finanzdienstleistungssektor hinaus mit allen Speziellen Betriebswirtschaftslehren kombiniert werden, weil sämtliche betrieblichen Teilfunktionen wie beispielsweise Marketing, Information und Kommunikation, Revision, Controlling, Steuern oder auch das Innovationsmanagement und die Unternehmensführung gleichermaßen in einem Versicherungsunternehmen vorkommen.

Berufsperspektiven

Das Fach Versicherungsbetriebslehre qualifiziert grundsätzlich für alle Tätigkeiten in einem Versicherungsunternehmen, die sich den klassischen betriebswirtschaftlichen Funktionen zuordnen lassen. Hier sind Absolventen hauptsächlich in den Bereichen Controlling, Rechnungswesen oder Steuern tätig. Die Nachfrage nach qualifiziertem Personal im Versicherungsbereich wie auch bei Unternehmensberatungen und Wirtschaftsprüfungsgesellschaften, die sich auf Versicherungsunternehmen spezialisiert haben, ist hoch. Darüber hinaus haben Absolventen der Versicherungsbetriebslehre auch in anderen Unternehmen gute Chancen, die im Bereich Risiko-Management angesiedelt sind.

4.37. Wirtschafts- und Sozialgeschichte

Fachinhalt

Die Wirtschafts- und Sozialgeschichte befasst sich, wie der Name schon sagt, mit der Geschichte der Wirtschaft und der Gesellschaft. Dabei vermittelt es grundlegendes historisches Wissen aus ökonomischen und sozialen Bereichen und befähigt dazu, wirtschaftliche und gesellschaftliche Probleme zu analysieren. Weiterhin hilft sie beim Verständnis der heutigen Wirtschafts- und Gesellschaftsstrukturen und erklärt, wie diese entstanden sind. Damit können Ursachen aktueller Probleme in die Vergangenheit zurückverfolgt und analysiert werden, bzw. Lösungsmöglichkeiten auf der Grundlage der historischen Wirklichkeit beurteilt werden, da sie sich im Unterschied zu Gegenwartsanalysen mit Situationen befasst, die abgeschlossen sind und deren Ausgang bekannt ist.

Es wird darauf hingewiesen, dass viele Entscheidungen unbeabsichtigte und unvorhersehbare Nebenfolgen haben können, also dass die Konsequenzen menschlichen Handelns oft wesentlich weiter reichen als ursprünglich geplant ist. Auf diese Weise kann sie zur Korrektur oder Weiterentwicklung theoretischer Konzepte beitragen.

Zeitlich kann die Lehre ein breites Spektrum, üblicherweise vom Mittelalter bis zum aktuellen Zeitgeschehen, abdecken. Hauptsächlich werden aber die langfristigen Entwicklungen der Wirtschaft und Gesellschaft der letzten Jahrhunderte betrachtet.

Es kann dabei um alle historischen, wirtschaftlichen und gesellschaftlichen Kernfragen sowie um ihre wechselseitigen Beziehungen und Konflikte gehen. Als behandelte Probleme können beispielsweise die Entwicklung des Arbeitsmarktes, der Unternehmungsführung, des Konjunkturverlaufs, der Geld- und Kreditgeschichte, der Geschichte der öffentlichen Finanzen aber auch die Veränderungen der Lebens- und Arbeitsbedingungen oder die Stadtentwicklung in einer bestimmten historischen Epoche genannt werden.

Die zunehmende Globalisierung der Wirtschaft gibt außerdem Anlass zur Analyse der internationalen wirtschaftlichen Entwicklungen sowie deren wirtschaftlichen und sozialen Konsequenzen.

Spezielle Arten von Fragen, welche die Sozial- und Wirtschaftsgeschichte zu beantworten versucht sind z.B.:

- Wie kann man das „Wirtschaftswunder" der Nachkriegszeit in der BRD erklären?
- War die Weltwirtschaftskrise von 1929-1933 vermeidbar?
- Warum kam es im zweiten Drittel des 19. Jahrhunderts zu einer fortschreitenden Massenverelendung in Deutschland; war daran die Industrielle Revolution schuld?
- Analyse des Arbeitsmarktes im Deutschen Kaiserreich (1870/1 - 1918).

Fächerkombinationen

Neben historischen Methoden der Erhebung, Aufbereitung, Kritik und Interpretation von Quellen bedient sich das Fach je nach betrachtetem Thema Methoden der Soziologie, Sozialpsychologie, Politologie, Bevölkerungswissenschaft oder der Statistik, z.B. bei der Auswertung quantitativer Quellenbestände, wie Todesursachenstatistiken oder der Kostenrechnung von Krankenhäusern.

Es muss an dieser Stelle darauf hingewiesen werden, dass sich die Sozial- und Wirtschaftsgeschichte als historisches Hauptfach versteht, welches in mehrere verschiedene Studiengänge integriert ist. Wer die Sozial- und Wirtschaftsgeschichte als Nebenfach studieren möchte, wird sich also grundlegende historischer Kenntnisse aneignen müssen.

Berufsperspektiven

Direkte Berufsperspektiven lassen sich eigentlich nur in der Forschung und der Lehre erkennen. Auch heute noch werden neue ökonomische, insbesondere volkswirtschaftliche Theorien im hohen Maße aus der Betrachtung vergangener Sachverhalte entwickelt. Als nahezu unverzichtbar erweist sich die Wirtschaftsgeschichte bei der Überprüfung makroökonomischer Theorien.

4.38. Wirtschaftsinformatik/Datenverarbeitung

Fachinhalt

Dieses Fach beschäftigt sich neben den Grundlagen der Datenverarbeitung mit den betriebswirtschaftlichen Möglichkeiten und Problemen von Informations- und Kommunikationssystemen in der Wirtschaft und der Verwaltung.

In den Bereichen des Informationsmanagements, der Datenorganisation und der Systementwicklung hat die Wirtschaftsinformatik die Aufgabe, Informations-

und Anwendungssysteme in Unternehmen systematisch zu analysieren, zu strukturieren und zu realisieren. Danach werden organisatorische Konzepte, eingesetzte Geräte und Methoden optimiert, um Informationsnachfragen bestmöglich zu befriedigen und die Kommunikation wirtschaftlich zu unterstützen, also die betriebliche Informationswirtschaft in allen Bereichen optimal zu gestalten.

Im Bereich des computergestützten Managements befasst die Wirtschaftsinformatik sich mit den Methoden für die Beschaffung, Aufbereitung und Bereitstellung von Informationen, um betriebliche Prozesse effizient steuern zu können. Da sich die komplexe Informationstechnologie sehr schnell entwickelt und verändert, ist das Themenspektrum des Faches sehr schwer abzugrenzen. Die speziellen Themengebiete der Wirtschaftsinformatik sollten sich nach dem aktuellen Stand der Technik richten.

Das Fach wird immer wichtiger im wirtschaftswissenschaftlichen Studium, da die modernen Informations- und Kommunikationssysteme in jedem erfolgreichen Unternehmen vorhanden sind. Durch sie ergeben sich neue wirtschaftliche Möglichkeiten. Man denke z.B. an die Erschließung neuer Märkte und Vertriebswege über das Internet (Electronic Commerce) oder den durch sie ermöglichten Vorteil der effizienten Organisation/Zusammenarbeit innerhalb sowie zwischen Unternehmen auch über größere räumliche Distanzen hinweg.

Voraussetzungen

Besondere Voraussetzungen werden für den Einstieg im Allgemeinen nicht erwartet. Die genauen Zulassungsvoraussetzungen, wie z.B. der Besuch eines EDV-Kurses oder eines Programmierkurses etc., sind im Einzelnen den Bestimmungen der Universitäten zu entnehmen.

Die Wirtschaftsinformatik bedient sich generell weniger mathematischer, als betriebswirtschaftlicher Methoden zur Konzeption informations- und kommunikationsgerechter Anwendungen. Die Technik (Hardware) sowie das Programmieren (Software) werden dabei eher nebensächlich behandelt. Die Wirtschaftsinformatik ist also kein Fach, das sich nur an "Computerfreaks" richtet.

Fächerkombinationen

Durch die weite Verbreitung betrieblicher Standardsoftware in nahezu jedem betrieblichen Bereich eignet sich die Querschnittsdisziplin Wirtschaftsinformatik als Ergänzung für alle anderen betriebswirtschaftlichen Vertiefungsfächer.

Berufsperspektiven

Es ist sehr unwahrscheinlich, dass man im späteren Berufsleben nicht mit Informations- und Kommunikationssystemen konfrontiert wird. Das vermittelte Wissen nützt einem also in fast jeder Position in Wirtschaft und Verwaltung, wodurch die Absolventen am Markt sehr gefragt sind. Für Absolventen mit Schwerpunkten in der Wirtschaftsinformatik eignen sich Berufsbilder, wie die des Unternehmensberaters, Informationsmanagers oder Systementwicklers.

4.39. Wirtschaftspolitik

Fachinhalt

Das Fach Wirtschaftspolitik ist neben der Wirtschaftstheorie das zweite große Teilgebiet der Volkswirtschaftslehre. Es beschäftigt sich einerseits damit, die in der Wirtschaftstheorie gewonnenen Erkenntnisse weiterzuentwickeln und für die Politikberatung nutzbar zu machen, andererseits analysiert es das Handeln der wirtschaftspolitischen Akteure.

Neben übergreifenden Fragen umfasst das Fach Wirtschaftspolitik eine große Zahl von Einzelbereichen. Zu diesen gehören u.a.: Wettbewerbspolitik, Stabilitätspolitik, Wachstumspolitik, Entwicklungspolitik, Außenwirtschaftspolitik, Strukturpolitik, Regionalpolitik, Sozialpolitik und Finanzpolitik.

Im volkswirtschaftlichen Spezialfach "Strategische Wirtschaftspolitik" werden, aufbauend auf den Handlungsmotiven der Individuen, Möglichkeiten und Grenzen staatlicher Wirtschaftspolitik aufgezeigt. In den Vorlesungen und Seminaren werden Gesetzmäßigkeiten privaten (unternehmerischen) und staatlichen Handelns dargestellt sowie wettbewerbstheoretische Fragestellungen betont. Schließlich sind die daraus erwachsenen eher normativen Konzepte auf ihre Realitätsnähe zu überprüfen, was den Bezug zur Wirtschaftsforschung herstellt.

Fächerkombinationen

Fachliche Überschneidungen ergeben sich mit den Fächern Finanzwissenschaft, aber auch Finanzierung und Organisationslehre. Darüber hinaus empfehlen sich aufgrund der im Fach verwendeten Analysetechniken weitergehende Kenntnisse des Faches Statistik.

Berufsperspektiven

Absolventen des Faches Wirtschaftspolitik finden attraktive Arbeitsplätze in den volkswirtschaftlichen Abteilungen von Großunternehmen, Banken (insbesondere kombiniert mit einer vorherigen bankbetrieblichen Ausbildung) und Versicherungen (z.B. wenn man im Studium u.a. den Schwerpunkt auf Themen des Informationsmanagements setzt). Weiterhin bieten sich Perspektiven in den großen Unternehmensberatungen, im strategischen Management und der öffentlichen Verwaltung, hier vor allem Planungsabteilungen sowie Wirtschafts- und Finanzministerien.

4.40. Wirtschaftsprüfung/Revision- und Treuhandwesen

→Controlling

Fachinhalt

Zur Wirtschaftsprüfung bzw. zum Revision- und Treuhandwesen gehört hauptsächlich die Untersuchung, ob ein Unternehmen in Rechnungswesen und Bilanzierung die Grundsätze ordnungsgemäßer Buchführung und Bilanzierung sowie die Vorschriften des Handels- und Gesellschaftsrechtes befolgt hat. Die Wirtschaftsprüfung behandelt demnach:
- die Aufstellung und Prüfung des Jahresabschlusses von Unternehmen verschiedener Rechtsformen und Größenklassen;,
- die Aufstellung und Prüfung von Konzernabschlüssen: Vorbereitung der Einzelabschlüsse für den Einbezug in den Konzernabschluss, die Konzern-Gewinn- und Verlustrechnung, der Konzernanhang,
- Begutachtungs- und Beratungsaufgaben z.B. Unternehmensbewertungen und Rechts- bzw. Steuerberatungen,
- die Durchführung von Sonderprüfungen und die Aufstellung von Sonderbilanzen und
- Fragen der internationalen Rechnungslegung: internationale Rechnungslegungsvorschriften (IAS, US-GAAP) sowie internationale Tendenzen in der Prüfungspraxis.

Die Notwendigkeit zur Prüfung der Unternehmensführung ist vor allem in der Trennung von Eigentümerposition und Managementfunktion sowie der

Haftungsbegrenzung von Kapitalgesellschaften begründet. Eine regelmäßige Überwachung wird von Prüfungsbetrieben unter anderem dann durchgeführt, wenn es sich um externe, auf gesetzlicher Grundlage beruhende Prüfungen (z.B. handelsrechtliche Jahresabschlussprüfung) handelt.

Obwohl nach der traditionellen Auffassung das Controlling nicht dem Fachgebiet des Revisions- und Treuhandwesens zugeordnet wird, kommt diesem Bereich als unternehmensinternes Planungs-, Steuerungs- und Kontrollinstrument immer größere Bedeutung zu. Zudem stellt das Controlling ein wichtiges Prüfungsobjekt der Internen Revision dar. Infolgedessen werden meist die Grundlagen des Controllings mit in das Lehrangebot des Faches Revisions- und Treuhandwesen aufgenommen.

Voraussetzung/Fächerkombination

Das Studium des Faches setzt Grundkenntnisse der Buchführungs- und Bilanzvorschriften, der Kostenrechnung, der Rechnungslegung sowie der Investition und Finanzierung voraus.

Darüber hinaus sind durch die enge Verbindung zwischen Handels- und Steuerrecht Kenntnisse in den Fächern Betriebswirtschaftliche Steuerlehre, in Wirtschaftsrecht und durch die zunehmende Automatisierung des Rechnungswesens Kenntnisse der Betriebswirtschaftliche Datenverarbeitung von Vorteil.

Berufsperspektiven

Das Fach ist vor allem für eine angestellte oder freiberufliche Tätigkeit als Wirtschaftsprüfer bzw. Steuerberater, zunehmend auch als Wirtschafts- und Unternehmensberater und als Treuhänder geeignet.

Ferner bestehen in mittleren und größeren Unternehmen aller Branchen gute Beschäftigungsalternativen, insbesondere in den Bereichen Rechnungswesen, Controlling und Interne Revision.

Schließlich kommen auch Einsatzmöglichkeiten in der Öffentlichen Verwaltung und in Verbänden als Angestellter oder Beamter in Betracht. Zu nennen sind hier z.B. Prüfungstätigkeiten im Bereich der Finanzverwaltung (steuerliche Betriebsprüfung oder Steuerfahndung), der staatlichen Rechnungshöfe, der kommunalen Rechnungsprüfungsämter sowie der Genossenschafts-, Sparkassen- und Giroverbände.

PriceWaterhouseCoopers

Join us. Together we can change the world.

Mit rund 10.000 Mitarbeitern an mehr als 40 Standorten in Deutschland und als Teil einer weltweiten Organisation bieten wir hoch qualifizierte Dienstleistungen in den Bereichen Wirtschaftsprüfung, Unternehmensberatung, Steuerberatung, Corporate Finance-Beratung und Human Resource Beratung. Exzellente Fachkenntnisse, Branchenfokussierung sowie international ausgerichtetes und unternehmerisches Denken prägen unsere Tätigkeit. Darüber hinaus erwarten Sie eine systematische Fortbildung sowie eine individuell gestaltete und begleitete Karriere in einer zukunftsorientierten Organisation.

Kommen Sie zu uns – lernen Sie uns kennen!
Praktikum
im Bereich Wirtschaftsprüfung

Die Aufgabe
An unserem Standort **Hamburg** werden Sie bei der Prüfung und prüfungsnahen Beratung unserer nationalen wie internationalen Mandanten eingesetzt. Innerhalb unserer Teams bearbeiten Sie zunächst einfache Prüffelder, kleinere Jahresabschlüsse und betriebswirtschaftliche Projekte. Dabei erhalten Sie Einblick in die Strategie und Arbeitsweise einer führenden Wirtschaftsprüfungs- und Beratungsgesellschaft und lernen den Umgang mit moderner Prüfungssoftware kennen. Wir bieten Ihnen das Coaching durch erfahrene Mitarbeiter, so dass Sie Ihr Wissen und Ihre Fähigkeiten in die Praxis umsetzen und jede Menge dazulernen können.

Ihr Profil
- Sie sind Student/-in der Wirtschaftswissenschaften oder des Wirtschaftsrechts und haben Ihr Grundstudium bereits mit Erfolg abgeschlossen.
- Im Hauptstudium haben Sie sich auf Prüfungswesen und/oder Steuern oder auf andere Bereiche des Rechnungswesens/Controllings spezialisiert.
- Sie gehen auf Menschen zu und arbeiten gerne im Team. Hohe Leistungsbereitschaft, analytisches Denken und Eigeninitiative zeichnen Sie aus.
- Ihre theoretischen Kenntnisse möchten Sie durch ein mindestens 6-wöchiges Praktikum ergänzen.

Für Vorabinformationen steht Ihnen Frau Gabriele Meyer (040/63 78-16 01) gerne zur Verfügung. Bitte richten Sie Ihre Bewerbung unter Angabe der Kennziffer **001023-141413** an:

PwC Deutsche Revision AG
New-York-Ring 13, 22297 Hamburg

www.pwc-career.de

PricewaterhouseCoopers International ist ein Zusammenschluss rechtlich und wirtschaftlich selbständiger Unternehmen, die in einer Company limited by guarantee, registriert in England und Wales, verbunden sind.

4.41. Wirtschaftssprachen

Fachinhalt

Aufgrund der zunehmenden Internationalisierung der Wirtschaft wird die Fähigkeit, sich in einer fremden Sprache ausdrücken zu können, immer wichtiger. Deshalb stellt eine Wirtschaftssprache (Englisch, Französisch, Spanisch oder Italienisch) ein wichtiges Element im Wirtschaftsstudium dar. Gute Englischkenntnisse sind dabei meist eine Selbstverständlichkeit, wobei zusätzliche Kenntnisse in anderen Sprachen zu empfehlen sind und teilweise auch immer mehr erwartet werden.

Durch den Besuch der Lehrveranstaltungen sollen die Kommunikationsfähigkeiten in der Art ausgebaut und gefestigt werden, dass geschäftliche Situationen wie Telefonanrufe, Bewerbungen, Berichte, Verhandlungen und Präsentationen, in denen eine Fremdsprache notwendig ist, problemlos bewältigt werden können.

Außerdem schaffen wirtschaftssprachliche Vorlesungen die Voraussetzung für das Verstehen fremdsprachiger Fachliteratur, für das Verfassen fremdsprachiger wirtschaftlicher Texte und vermitteln interkulturelle Kenntnisse fremder Wirtschafts- und Kulturräume. Dazu gehört nicht nur die Vermittlung landeskundlicher Kenntnisse, sondern auch die Sensibilisierung für kulturelle Unterschiede in Wertvorstellungen und Verhaltensweisen.

Auf eine Fremdsprache sollte also in den meisten betriebswirtschaftlichen und volkswirtschaftlichen Bereichen nicht verzichtet werden. Besonders wichtig ist sie in den Bereichen Außenhandel, Marketing, Verkauf, Finanz- und Bankwesen, Produktion, Organisation und Personal.

Voraussetzungen

Vorkenntnisse sind für die Wirtschaftssprachen meistens erforderlich. Die Grundlagen können bei Bedarf gewöhnlich in den Kursen der Institute der jeweiligen Fremdsprache erlernt werden.
Die Kurse erfordern die aktive Teilnahme der Studierenden und die Bereitschaft, sich auch außerhalb der Lehrveranstaltungen, z.B. durch den Besuch von Gastvorträgen mit der jeweiligen Fremdsprache zu befassen. Auslandsaufenthalte sind zwar nicht Voraussetzung, aber sicher das effektivste Mittel eine Sprache zu erlernen.

5. Auslandsaufenthalt

Abgesehen von der Erweiterung und Vertiefung der sprachlichen und fachlichen Kenntnisse bedeutet ein Auslandsaufenthalt eine wichtige persönliche Erfahrung. Außerdem ist ein Auslandsaufenthalt vielfach Voraussetzung bzw. ein weiterer Einstellungsgrund bei Großunternehmen bzw. international tätigen mittelständischen Unternehmen.
Der Auslandsaufenthalt lässt sich am zweckmäßigsten in Form eines Studiums oder Praktikums gestalten.

5.1. Auslandsstudium

Voraussetzung für den Erfolg und damit den Nutzen des Auslandsstudiums ist eine sorgfältige Vorbereitung. Diese hängt hauptsächlich von der Eigeninitiative ab. Die Zeit für die Vorbereitung sollte keinesfalls zu kurz angesetzt werden. Vorbereitungszeiten von mindestens einem Jahr sind die Regel. In dieser Zeit müssen mindestens folgende Punkte beachten werden:

5.1.1. Zeitpunkt des Auslandaufenthalts

Hier bieten sich zwei Alternativen an:
- nach der Zwischenprüfung
  Der Vorteil eines Auslandsaufenthalts im Anschluss an das Vordiplom ist, dass die grundlegenden Kenntnisse bereits vermittelt worden sind, eine Spezialisierung aber noch nicht stattgefunden hat. Insofern ist man bei der Fächerwahl im Ausland flexibler und kann das Auslandsstudium gleichzeitig dazu nutzen, sich einen Überblick über gewisse Spezialgebiete im Hauptstudium zu verschaffen.
- im Hauptstudium
  Ein Auslandsstudium während des Hauptstudiums hat den Vorteil, dass eine fachliche Spezialisierung bereits stattgefunden hat. Man kann also gezielter nach entsprechenden Fächer im Ausland suchen und als Bewerbungsgrund die entsprechende Spezialisierung angeben. Je länger man studiert hat, desto konkreter kann man die Suche gestalten und um so qualifiziertere Kurse können im Ausland belegt werden.

5.1.2. Dauer des Auslandsaufenthalts

Es lässt sich sagen, dass je länger man im Ausland bleibt, desto effektiver lässt sich das dortige Studium gestalten. Der Grund hierfür ist, dass man im ersten Semester gewöhnlich sehr viel Zeit zum Eingewöhnen benötigt. Kennengelernt werden muss z.b. die neue Stadt, die Hochschule und vor allem das neue Kurssystem, die Dozenten, die Bibliotheken und natürlich die neuen Kommilitonen. Das reine Studium kann somit meist erst im zweiten Semester begonnen werden.

Dem entgegen steht, ob der Auslandsaufenthalt so lange finanziert werden kann, ob man sich so lange beurlauben lassen kann, ob das "heimische" Studium dadurch nicht beeinträchtigt wird etc.

5.1.3. Art des Hochschulsystems des Gastlandes

Geklärt werden muss welche Hochschultypen es im jeweiligen Land gibt und welche Studiengänge und Spezialisierungsmöglichkeiten angeboten werden. Weiterhin müssen eventuelle Zulassungsbeschränkungen sowie die Art der Abschlussprüfung für bestimmte Fächer in Erfahrung gebracht werden.

Das Studium kann außerdem sehr unterschiedlich aufgebaut sein. So kann das Studienjahr z.B. in Semester oder Trimester aufgeteilt sein, die zu unterschiedlichen Terminen anfangen können. Meist beginnt das Studium bzw. der Zyklus aber im Herbst, also zum Wintersemester. Die Vorlesungen beginnen dabei jedoch oft früher als in Deutschland. In Skandinavien und in den USA beginnen die Veranstaltungen z.b. bereits im August und enden dementsprechend schon vor Weihnachten bzw. im Januar. An den Universitäten mit Trimestern bauen die Kurse innerhalb eines Studienjahres in der Regel direkt aufeinander auf, so dass auch hier ein Studienbeginn zum Sommersemester meist nicht möglich ist. Ebenfalls sind die Stipendienprogramme meist auf den Herbsttermin ausgerichtet. Ausnahmen bilden die Schweiz und Österreich, deren Studienjahr dem deutschen ähnelt. Hier ist oft auch ein Studienbeginn im April möglich.

Die entsprechenden Informationen erhält man sehr gut über das Internet, da dort fast alle Universitäten präsent sind. Andere Möglichkeiten der Informationsbeschaffung bieten die akademischen Auslandsämter, die Studienberatung der Heimatuniversität oder der DAAD bzw. vergleichbare Organisationen.

5.1.4. Bewerbung/Zugangsvoraussetzungen

Bei der Bewerbung ist darauf zu achten, alle erforderlichen Unterlagen einzureichen. Die genauen Anforderungen sind von Universität zu Universität unterschiedlich. Benötigt werden in der Regel Lebenslauf, Zeugnisse bzw. die Übersetzung der Zeugnisse, Gutachten von mindestens zwei Professoren und ein "Statement of Purpose", also einen begründeten Studienplan.

Um im Ausland studieren zu können, ist es außerdem erforderlich, die jeweilige Sprache zu beherrschen. Es wird oft nicht nur verlangt, die Lehrveranstaltungen zu verstehen, sondern sich auch selbst mündlich oder schriftlich zu beteiligen. Zur Feststellung, ob die Sprachkenntnisse genügen, wird an den ausländischen Universitäten häufig das Ergebnis eines →Sprachtests verlangt. Außerdem kann in einigen Fällen vor Beginn des Studiums eine fachbezogene Aufnahmeprüfung obligatorisch sein.

Die Bewerbung kostet zudem einen gewissen Betrag (25 bis 80 Dollar, evtl. mehr), der oftmals mit einer "International Money Order" beglichen werden muss.

Zuletzt müssen natürlich die Bewerbungsfristen eingehalten werden.

Nach erfolgreicher Bewerbung muss die Annahme des Studienplatzes fristgemäß bestätigt werden.

Weiterhin kann es ratsam sein, sich für die Zeit des Auslandstudiums an der Heimatuniversität beurlauben zu lassen, so dass die Fachsemester nicht weiter gezählt werden. Von der Möglichkeit sich exmatrikulieren zu lassen, sollte abgesehen werden, da hierdurch unter Umständen der Studienplatz an der deutschen Hochschule und eventuell die Zugehörigkeit zur gesetzlichen Krankenkasse verloren gehen kann. In jedem Fall empfiehlt es sich, vor einer Entscheidung beim Studentensekretariat und bei der Krankenkasse genaue Informationen einzuholen. Studierende, die privat versichert sind, müssen die für sie während eines Auslandsstudiums geltenden Bestimmungen mit ihrer Versicherungsgesellschaft abklären. Für Länder, mit denen kein Sozialversicherungsabkommen besteht (z.B. USA, Kanada), sollten alle Studierenden unbedingt eine zusätzliche Auslandskrankenversicherung abschließen. Informationen dazu geben die jeweiligen gesetzlichen Krankenkassen.

5.1.5. Anerkennung der Studien- und Prüfungsleistungen

Die Entscheidung für einen Studienaufenthalt im Ausland hängt auch davon ab, ob die im Ausland erbrachten Studien- und Prüfungsleistungen in Deutschland anerkannt werden. Bei der Anerkennung von Studienleistungen gibt es keine einheitliche Regelung, so dass jeder Einzelfall individuell geklärt werden muss. Zuständig für die Anrechnung ist jeweils einer der entsprechenden Fachvertreter der Universität. Es ist empfehlenswert, so viele Fragen wie möglich vor Beginn des Auslandstudiums zu klären, um so die Anrechnung und die richtige Kurswahl sicherzustellen. Bei der Bewerbung an der auswärtigen Universität sollte man aber unbedingt darauf achten, dass man sich an einer "accredited" Hochschule bewirbt, d.h. an einer Hochschule, deren Abschlüsse anerkannt werden. In den Amerikahäusern findet man zu diesem Thema z.B. Verzeichnisse über "Accredited Institutions of Postsecondary Education".

Nach der Rückkehr aus dem Ausland ist für die Anrechnung eine möglichst umfassende Dokumentation über die im Ausland absolvierten Kurse nötig, welche die Kursinhalte, Kursdauer, Art der Prüfung und die Abschlussnote beinhaltet. Für die Dokumentation gibt es beim Akademischen Auslandsamt einen Vordruck, der von den ausländischen Dozenten ausgefüllt werden sollte.

Im Zuge der zunehmenden Durchsetzung des →Credit-Point-Systems soll vor allem in EU-Ländern das European Credit Transfer System (ECTS), ein europäisches System zur Anrechnung von Studienleistungen, die Anerkennung von Leistungen erleichtern.

Der Vorteil des ECTS ist, dass bereits vor Antritt des Auslandsaufenthaltes die Anerkennung der Leistungen sichergestellt werden kann. Zusammen mit dem ECTS-Fachbereichskoordinator der Heimatuniversität sucht man eine Partnerhochschule aus und entscheidet über die dort zu belegenden Lehrveranstaltungen und die abzulegenden Leistungsnachweise. Ihre Leistungen werden nach Credit Points pro Studienjahr gemessen. Wenn das so zusammengestellte Studienpaket von der Partnerhochschule genehmigt wird, unterzeichnen Heimat- und Partnerhochschule ein Studienabkommen, das sicherstellt, dass die im Ausland erbrachten Leistungen anerkannt werden.

5.1.6. Finanzierung des Auslandsaufenthalts

Bei der Finanzierung des Auslandsaufenthalts muss geklärt werden wie hoch die ausländischen Studiengebühren sind und wann diese zu zahlen sind. Ebenso

sollten Informationen zu den Lebenshaltungskosten im Gastland in Erfahrung gebracht werden.
Für die Finanzierung gibt es verschiedene Möglichkeiten. So kommen z.B.
→Stipendien, Auslands-Bafög oder die Eltern in Betracht.

5.1.7. Administrative Vorbereitung

Ist der Studienplatz sicher, und ist die Finanzierung geklärt, so muss noch geklärt werden, welche Unterkunftsmöglichkeiten es gibt. Sind Wohnheime vorhanden, so sollte eine rechtzeitige Bewerbung erfolgen.
Ist auch dies Problem geklärt, so sind letztendlich noch die Einreise-, und Aufenthaltsbestimmungen zu beachten (Visum nötig?). Falls es Jobmöglichkeiten neben dem Studium gibt, sollte eine Arbeitsgenehmigung beantragt werden.

5.2. Auslandspraktikum

Praktika sind eine weitere Möglichkeit, einen Auslandsaufenthalt zu gestalten, um so einerseits die Fremdsprachenkenntnisse zu verbessern und andererseits praktische Erfahrung zu erlangen. Praktika können in der vorlesungsfreien Zeit, aber auch über ein oder mehre Semester absolviert werden.
Die Vermittlung von praxisbezogenen Aufenthalten im Ausland arrangiert zum Beispiel AIESEC (Association Internationale des Etudiants en Science Economiques et Commerciales). Diese Organisation bietet Praktika in über 80 Ländern an, die vorrangig während der vorlesungsfreien Zeit stattfinden. Für die erfolgreiche Vermittlung werden Sprachtests und die Teilnahme an einem Auswahlgespräch verlangt. Die Bewerbung sollte etwa ein halbes Jahr vor dem gewünschten Antritt des Praktikums erfolgen. Teilweise gibt es auch die Möglichkeit über AIESEC Fahrtkostenzuschüsse vom DAAD zu bekommen.
Weitere Informationen zu Praktika geben die zuständigen Stellen an den Hochschulen also Akademische Auslandsämter, Praktikantenämter, Fachbereiche, Auslandsbeauftragte oder Lokalkomitees.
Studierende, die Bafög bekommen, können unter bestimmten Voraussetzungen eine Bafög-Auslandförderung für ihr Auslandspraktikum erhalten. Zuständig hierfür sind besondere, von den Bundesländern bestimmte, kommunale Ämter. Nähere Informationen erteilt das Studentenwerk bzw. das jeweilige Bafög-Amt. Weitere Anlaufstellen zu aktuellen Auslandspraktika stehen im Internet unter www.hauptstudium.de zur Verfügung.

5.3. Informationsstellen

Auskunft zu Fragen, die mit einem Auslandsaufenthalt im Zusammenhang stehen, können die folgenden Stellen geben:

- das Akademische Auslandsamt der Universität. Hier gibt es Informationen und Beratungen zu allen Fragen des Auslandsstudiums, zu eigenen Austauschprogrammen der Hochschule und zu eventuellen bestehenden Programmen der Europäischen Union,
- die Hochschullehrer, die gegebenenfalls fachliche Kontakte zu ausländischen Hochschulen pflegen oder auch Gruppenprogramme organisieren können,
- die Botschaft bzw. die Kulturinstitute des Gastlandes, die Information über Studienmöglichkeiten, Bewerbungsverfahren und insbesondere zu Einreise- und Aufenthaltsformalitäten bereithalten,
- die ausländischen Hochschulen, bei denen die angebotenen Studiengänge und Fächer in den Vorlesungsverzeichnisse eingesehen werden können sowie
- Kommilitonen, die bereits Auslandserfahrung haben, können nützliche Hinweise und Ratschläge geben.

5.4. Sprachtests

Zur Zulassung an einer englischsprachigen Universität muss vorher ein Sprachtest absolviert werden, von denen nachfolgend die wichtigsten für ein wirtschaftswissenschaftliches Studium genannt sind. Nähere Informationen vor allem zu den Terminen der Tests sind erhältlich in den Amerikahäusern, Amerikazentren, Deutsch-Amerikanischen-Instituten oder über die Testzentrale in den Niederlanden:
CITO/Sylvan Learning Systems, P.O. Box 1109, NL-6801 BC Arnhem, Tel.: 0031-26-352-1577, Fax.: 0031-26-352-1278, e-mail: registration@cito.nl
Im Internet findet man Informationen zum Test unter www.ets.org und zur Vorbereitung unter www.kaptest.com.

5.4.1. TOEFL: Test of English as a Foreign Language

Der TOEFL wird an allen amerikanischen, häufig auch an anderen englischsprachigen Universitäten von ausländischen Bewerbern verlangt. Die meisten Unis setzten eine Mindestpunktzahl - oft 500 von ca. 680 zu erreichenden Punkten - voraus. Unter dieser Punktzahl nimmt kaum eine Uni einen Bewerber an. Weiterhin darf der Test meist nicht mehr als zwei Jahre zurückliegen.

In Deutschland wird der Test nur noch als "computer based test" angeboten, der in Berlin, Frankfurt, Hamburg und München abgehalten wird. Es handelt sich beim TOEFL um einen Multiple Choice Test, der etwa 100 US$ kostet. Da der Test auf der ganzen Welt gleich ist, ist er stark normiert, was die Vorbereitung etwas vereinfacht. Zum Üben ist relativ umfangreiche Literatur vorhanden.

Der TOEFL besteht aus drei Teilen:
- Listening Comprehension: Verständnisfragen zu einem gehörten Dialog/Text
- Structure and Written Expression: Testet Grammatik und Vokabular
- Reading Comprehension: Verständnisfragen zu bestimmten Texten

Zur Anmeldung ist das jährlich erscheinende Heft "TOEFL Bulletin of Information" erforderlich, welches entweder in jedem Amerikahaus oder unter der Adresse
- CITO/TOEFL, PO Box 1203, 6801 BE Arnhem, Niederlande oder
- Educational Testing Service, TOEFL Office, CN 6151, Princeton, NJ 08541, USA.

erhältlich ist. In dem Heft befindet sich auch eine Liste von Übungsmaterialien, die bestellt werden können.

Weitere Informationen zum Test gibt es im Internet unter der Adresse www.toefl.org.

5.4.2. GMAT: Graduate Management Admission Test

Der GMAT dient speziell als Grundlage für die Zulassung zu einem Postgraduate Program, also einem MBA-Studium oder für Master's-Programme in verwandten wirtschaftswissenschaftlichen Fächern.

Es handelt sich dabei um einen allgemeinen Test, in dem verbale, logisch-analytische und quantitative Kenntnisse sowie das schriftliche Ausdrucksvermögen geprüft werden. Er setzt keine wirtschaftsbezogenen Kenntnisse voraus. Der Test ist somit kein reiner Englisch-Test wie der TOEFL, er muss aber auf Englisch absolviert werden. Er wird wie der TOEFL nur noch "computer based" in Berlin, Frankfurt, Hamburg und München für ca. 190 US$ angeboten. Eine Anmeldung ist bei der Graduate Management Admission Council (www.gmac.com) möglich, wo es auch das GMAT Information Bulletin gibt.

5.5. Stipendien

Umfangreiche Stipendien für ein Auslandsstudium bieten vor allem der Deutsche Akademische Austauschdienst und die Fulbright-Kommission.

5.5.1. Deutscher Akademischer Austauschdienst (DAAD)

(Kennedy-Allee 50, 53175 Bonn, Tel.: (0228) 882-0; www.daad.de)
Unter den Stipendienorganisationen hat der DAAD das breiteste Angebot an Förderungsmöglichkeiten für alle Studienrichtungen im gesamten Ausland.
Der DAAD verteilt sowohl Teilstipendien als auch Vollstipendien, deren Laufzeit je nach Förderungszweck von einem Monat bis zu zwei Jahren betragen kann.
Die Förderung durch den DAAD ist an bestimmte Anforderungen gekoppelt, wie einem klar umrissenen, realistischen Studienplan für den Auslandsaufenthalt oder einen Notenschnitt im Bereich von gut bis sehr gut. Trotz dieser Anforderungen gibt es eine große Konkurrenz um die Stipendien, so dass durchschnittlich fünf bis sechs Bewerbungen auf ein Stipendium kommen.
Das gesamte Angebot, detaillierte Beschreibungen sowie Bewerbungsformulare können dem DAAD-Auslandsstipendienführer "Studium, Forschung, Lehre - Förderungsmöglichkeiten im Ausland für Deutsche" entnommen werden. Dieser ist jährlich im Frühjahr kostenlos beim DAAD oder bei den akademischen Auslandsämtern der Universitäten zu bekommen.

Stipendienleistungen

Die Höhe der Stipendien beträgt in Europa bei den meisten Programmen zur Zeit zwischen DM 1.000,- und DM 1.400,- pro Monat. Außerhalb Europas liegen die Beträge teilweise höher. Spitzenreiter ist Japan mit DM 2.600,-. Auch eine Reisekostenpauschale und die Studiengebühren werden in der Regel übernommen. Bafög kann jedoch nicht gleichzeitig bezogen werden.

Bewerbung

Benötigt werden Bewerbungsformular, Lebenslauf, detaillierter Studienplan, zwei Gutachten von hiesigen Hochschullehrern, Aufzeichnungen sämtlicher bisher besuchter Lehrveranstaltungen mit Notenangabe, Hochschulzeugnissen und Sprachzeugnis.
Die genauen Anforderungen an die Unterlagen sollten unbedingt in dem oben genannten Stipendienführer nachgelesen werden, da nur vollständige Bewerbungen eine Chance auf Erfolg haben.

5.5.2. Fulbright-Kommission

(Theaterplatz 1a, 53177 Bonn, Telefon: (0228) 3610-21/22/23)
Das Fulbright-Programm entstand im Jahr 1946 durch eine Gesetzesinitiative des amerikanischen Senators J. William Fulbright. Die Fulbright-Kommission ist ausschließlich auf die USA konzentriert und bietet sowohl Teil- als auch Vollstipendien sowie Reisebeihilfen für Studierende an. Es stehen jedes Jahr für alle deutschen Universitäten und alle Fächer nur jeweils fünf Voll- und ca. 100 Teilstipendien zur Verfügung. Dementsprechend groß ist die Konkurrenz und entsprechend hoch sind die Anforderungen. Realistische Bewerbungschancen haben deshalb nur Studenten mit sehr guten Studienleistungen. Man kann sich jeweils nur für ein Voll- oder für ein Teilstipendium bewerben. Bei beiden Stipendienformen ist der Studienplatz in den USA nicht frei wählbar. Die Bewerbung an den amerikanischen Hochschulen übernimmt die Fulbright-Kommission für die Stipendiaten.

Stipendienleistungen

- **Vollstipendien** decken die Lebenshaltungskosten in Höhe des von der Kommission für den Studienort zugrunde gelegten Indexes, die Studiengebühren, eine Mindest-Krankenversicherung und die Reisekosten.
- **Teilstipendien** decken die Studiengebühren und geben Zuschüsse zu den Lebenshaltungskosten innerhalb vorgegebener Grenzen. Die Bewerber tragen also aus eigenen Mitteln zum Lebensunterhalt während des akademischen Jahres bei. Die Eigenbeteiligung beträgt meist DM 7.000,-.
- **Bei Reisestipendien** zahlt die Fulbright-Kommission die Reisekosten von Deutschland zum Hochschulort in den USA und zurück. Außerdem gibt es ein interessantes Vorbereitungsseminar. Der Studienplatz in den USA muss hierbei selbst organisiert werden.

Laufzeit

In der Regel werden die Stipendien für ein akademisches Jahr (9 Monate), welches Ende August/Anfang September beginnt, vergeben.

Bewerbung

- **Bewerbungsunterlagen**
  Bewerbungsunterlagen sind jeweils ab Ende April im Akademischen Auslandsamt erhältlich. Bewerbungsschluss ist meist der 31.05. für das im

August des folgenden Jahres beginnende Studienjahr. Ausschreibungsplakate hängen im Akademischen Auslandsamt der Hochschulen und in den Fachbereichen aus. Bewerbungsunterlagen sind nur während des Ausschreibungszeitraumes erhältlich und müssen in dieser Zeit auch wieder eingereicht werden.

- **Bewerbungsvoraussetzungen**
Deutsche Staatsangehörigkeit, Alter nicht über 35 Jahre, Studium von mindestens 5 Semestern an einer Universität zum Zeitpunkt der Abreise, gute englische Sprachkenntnisse, die über den TOEFL nachzuweisen sind. Das Studium in den USA muss sich zudem in den deutschen Studiengang einfügen und fachlich, sprachlich sowie landeskundlich vorbereitet sein.

6. Fördermöglichkeiten/Stipendien

Neben Bafög bieten auch zahlreiche Studienförderungswerke Studenten die Möglichkeit, in Form von Stipendien unterstützt zu werden. Der Vorteil gegenüber Bafög besteht darin, dass die Geförderten nichts zurückzahlen müssen. Neben der finanziellen Förderung werden meist auch Seminarprogramme angeboten, an denen die Stipendiaten teilnehmen können. So finden politische Seminare zu Europa und Deutschland, über Wirtschaft und Internationales ebenso wie praxisorientierte Seminare zur Berufswahl und Studienreisen statt. Teilweise wird eine Teilnahme an Seminaren sowie die Erstellung von Jahresberichten von den Stipendiaten erwartet, wovon häufig die weitere Förderung abhängt.

Deutsche Studenten können von jeder der Stiftungen gefördert werden, sofern ihr Studienort in Deutschland liegt. Ausländische Studenten, die in Deutschland leben, können ebenfalls gefördert werden, wenn sie als sog. „Bildungsinländer" gelten, d.h. sie müssen Bafög-berechtigt sein. Um ein Stipendium können sich Studenten bei den meisten Stiftungen selbst bewerben. Fast alle Stiftungen haben ein bis zwei Bewerbungstermine pro Jahr. Initiativbewerbungen sind allerdings nicht bei der Studienstiftung des Deutschen Volkes möglich, wo die Direktoren der Gymnasien bzw. die Professoren der Universitäten und Fachhochschulen ihre besten Schüler und Studenten vorschlagen müssen. Mit guten Noten alleine ist es dabei allerdings nicht getan. Auch gesellschaftliches Engagement ist gefragt: Gute Chancen haben Jugendbetreuer aus Vereinen, Parteien, Kirchen, Betrieben oder wer sich an der Universität, z.B. im Fachschaftsrat, aktiv beteiligt. Fazit für alle Stiftungen: Je mehr Ehrenamt, desto besser! Wer sich um ein Stipendium bewirbt, sollte sich jede Art von Engagement und Initiative belegen lassen oder im Lebenslauf erwähnen. Bei den kirchlichen Förderwerken müssen die Stipendiaten der jeweiligen Konfession angehören. Bei den Stiftungen mit einer politischen Ausrichtung wird offiziell zwar kein „Parteibuch" gefordert, man sollte jedoch auch nicht gerade einer der anderen Parteien angehören. Erwartet werden bei einer Bewerbung grundsätzlich die üblichen Unterlagen (Lebenslauf, Abiturzeugnis, Immatrikulationsbescheinigung). Die CDU-nahe Seidel-Stiftung z.B. verlangt von ihren Bewerbern zusätzlich noch ein „Gutachten zur Beurteilung des gesellschaftlichen Engagements". Was genau in dem Gutachten stehen sollte, regelt die Stiftung in einem Leitfaden. Wie detailliert die Gutachten sein sollten, ist nicht vorgeschrieben. Als Faustregel gilt: Ein ausführliches Gutachten hat mehr Gewicht. Wer in die engere Wahl kommt, muss sich einem Auswahlverfahren unterziehen, in dem u.a. auch die fachliche Kompetenz überprüft wird.

6.1. Förderhöhe

Die Stipendienhöhe wird bei allen Studienwerken auf Grundlage des Bafög berechnet - also abhängig vom Einkommen der Eltern. Von 50 bis 940 Mark im Monat reicht der Geldsegen. Ab 1. Oktober 1999 gibt es für ein Vollstipendium sogar 960 Mark. Stipendiaten mit Kind können einen Familienzuschlag von 300 Mark bekommen. Das Stipendium müssen Geförderte nicht zurückzahlen. Sie dürfen aber nicht gleichzeitig Bafög-Geld bekommen.
Alle Stiftungen zahlen ein monatliches Büchergeld von 150 Mark. Auch ein Zuschuss zur Krankenversicherung für selbstversicherte Begabte ist möglich. Die meisten Werke bieten ein eigenes Seminarprogramm an. Ein Teil der Stiftungen finanziert außerdem Praktika, Auslandsaufenthalte und Sprachkurse, sowie Promotionen.

GEH DEINEN WEG!

www.e-fellows.net – das Online-Stipendium für Studenten, die wissen, was sie wollen. e-fellows.net Stipendiaten genießen viele Vorteile. Zum Beispiel den kostenlosen Internet-Zugang rund um die Uhr. Oder Gratis-Recherchen in über 400 Archiven und Datenbanken. Damit studieren sie effizienter.

Klick rein und bewirb dich für dein Stipendium.

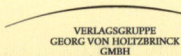

e-fellows.net
DAS ONLINE-STIPENDIUM

COMPAQ

BOSCH

HypoVereinsbank

Henkel

Deutsche Bank

SIEMENS

Deutsche Telekom

VERLAGSGRUPPE GEORG VON HOLTZBRINCK GMBH

McKinsey & Company

6.2. Begabtenförderungswerke

Cusanuswerk – Bischöfliche Studienförderung (katholisch) Baumschulallee 5, 53115 Bonn Tel.: 0228/631407, Internet: www.cusanuswerk.de	**Evangelisches Studienwerk** (evangelisch) Haus Villigst, Iserlohner Str. 25 58239 Schwerte Tel.: 02304/755213, Internet: www.evstudienwerk.de
Friedrich-Ebert-Stiftung (SPD-nah) Abteilung Studienförderung, Godesberger Allee 149, · 53175 Bonn Tel.: 0228/883-0, Internet: www.fes.de	**Friedrich-Naumann-Stiftung** (FDP-nah) Königswinterer Str. 409, 53639 Königswinter Tel.: 02223/701-349, Internet: www.fnst.de
Hanns-Seidel-Stiftung (CSU-nah) Lazarettstr. 33, 80636 München Tel.: 089/1258-301, Internet: www.hss.de	**Hans-Böckler-Stiftung** (gewerkschaftsnah) Abteilung Studienförderung, Bertha-von-Suttner-Platz 1, 40227 Düsseldorf Tel.: 0211/7778-0, Internet: www.boeckler.de
Heinrich-Böll-Stiftung (Bündnis 90 / Die Grünen nah) Rosenthaler Str. 40/41, 10178 Berlin Tel.: 030/28534-400, Internet: www.boell.de	**Konrad-Adenauer-Stiftung** (CDU-nah) Wissenschaftliche Dienste, Begabtenforderung, Rathausallee 12, 53757 St. Augustin Tel.: 02241/246-328, Internet: www.kas.de
Stiftung der Deutschen Wirtschaft (arbeitgebernah) Studienförderwerk Klaus Murmann, Uhlandstr. 29, 10719 Berlin Tel.: 030/8823027, Internet: www.sdw.org	**Studienstiftung des Deutschen Volkes** Mirbachstr. 7, 53173 Bonn Tel.: 0228/820 96-0, Internet: www.studienstiftung.de

Eine interessante Alternative zu den hier erwähnten Stiftungen bietet z.B. das relativ junge Unternehmen **e-fellows.net**.

e-fellows.net wurde im Frühjahr 2000 von der Deutschen Telekom, der Verlagsgruppe Georg von Holtzbrinck und McKinsey & Company gegründet und wird u.a. von der Henkel-Gruppe, den Siemens-Bereichen ICN/ICM, der Deutschen Bank, Bosch, KPMG, der HypoVereinsbank und Compaq gefördert. Das Münchener Unternehmen versteht sich als neutrales Karrierenetzwerk, welches zwischen intellektuell leistungsfähigen Studenten und der Wirtschaft vermittelt.

Das Kernstück von e-fellows.net bildet das erste Online-Stipendium Deutschlands für Studenten und Doktoranden verschiedenster Fachbereiche.

e-fellows.net fördert seine Stipendiaten durch folgende Leistungen:
- kostenfreier Internet-Zugang (inkl. Gebühren)
- Gratis-Recherche in über 400 Datenbanken wie z.B. *Genios* oder *Proquest*
- Zugang zu Online Artikeln aus "*The Economist*", den "*Moscow News*" oder dem "*Wall Street Journal Europe*". Recherche in Archiven ausgewählter Zeitungen und Zeitschriften wie "*Die Zeit*" oder dem "*Handelsblatt*"
- V.I.P.-Kontakte in die Wirtschaft und Mentorenprogramme
- Teilnahme an Seminaren und Workshops
- Jobangebote und Praktika

Die Bewerbung erfolgt auf der Website www.e-fellows.net, wo ebenfalls aktuelle News und Informationen zum Studium und zur Karriere, Tipps und Tricks für Auslandssemester, Datenbanken und eine Job- und Praktikumsbörse gefunden werden können.

> **e-fellows.net**
> Sendlinger Straße 27
> 80331 München
> e-mail: feedback@firm.e-fellows.net
> Internet: www.e-fellows.net

Wer sich über nähere Einzelheiten zum Thema Fördermöglichkeiten informieren möchte, dem sei das Buch *Fördermöglichkeiten für Studierende*, herausgegeben vom Deutschen Studentenwerk e. V. aus dem K.H. Bock Verlag in Bad Honnef empfohlen. In diesem Buch werden sämtliche, zum Teil auch nur regional tätige Fördereinrichtungen sowie fördernde Unternehmen relativ ausführlich aufgeführt. Vom Bundesministerium für Bildung, Wissenschaft, Forschung und Technologie ist außerdem eine Informationsbroschüre mit dem Titel *Die Begabtenförderungswerke in der Bundesrepublik Deutschland* kostenlos zu beziehen (www.bmbf.de).

7. Diplomprüfung

7.1. Examen

An vielen deutschen Universitäten endet das wirtschaftswissenschaftliche Studium nach wie vor mit dem sog. Examen und der Diplomarbeit.

Um zum Examen zugelassen zu werden ist die Vorlage der im Hauptstudium erworbenen Leistungsnachweise Voraussetzung. Leistungsnachweise erhält man für die erfolgreiche Teilnahme an Seminaren bzw. Übungen der Fächer, in denen man sich prüfen lässt.

Zumeist sind 5 Prüfungen abzulegen, die in einem oder in zwei Prüfungsabschnitten in aufeinander folgenden Semestern zu bestehen sind. In welcher Reihenfolge und Zusammenstellung man die Prüfung ablegen möchte, ist in der Regel freigestellt. In jedem Prüfungsfach muss man eine Klausurarbeit schreiben und wird gegebenenfalls mündlich geprüft. In Ausnahmefällen kann es in den Prüfungsordnungen der jeweiligen Universität auch vorgesehen sein, dass statt der schriftlichen Prüfung nur eine mündliche Prüfung durchgeführt wird. Welche Bereiche, Bücher etc. im einzelnen Fach klausurrelevant sind, sollte unbedingt rechtzeitig mit dem jeweiligen Prüfer abgestimmt werden, da sonst das Prüfungsgebiet viel zu groß wird. Fällt man durch eine oder mehrere Prüfungen durch, so kann man die jeweiligen Fachprüfungen maximal noch zweimal wiederholen, wobei man jedoch die Fachprüfungen einschließlich sämtlicher Wiederholungen innerhalb einer Frist von vier Semestern abgelegt haben muss.

7.2. Credit-Point-System/Kreditpunkte-System

7.2.1. Allgemeines

Die Idee dieses Prüfungssystems, welches in Europa inzwischen recht verbreitet ist und auch in Deutschland zunehmend an den Universitäten eingeführt wird, ist, dass die Diplomprüfung nicht mehr durch eine Examensprüfung, sondern studienbegleitend abgelegt wird.

Beim Credit-Point-System werden die während eines Semesters oder Studienjahres erbrachten Leistungen mit Bonuspunkten (bzw. Kredit-Punkten) bewertet. Das Diplom ist bestanden, wenn eine bestimmte Anzahl von Punkten erreicht ist. Davon muss jeweils eine bestimmte Mindestpunktzahl in den Prüfungsfächern, Seminararbeiten und in der Diplomarbeit erreicht werden.

Die Bonuspunkte in den Lehrveranstaltungen erhält man durch bestandene Leistungsnachweise im Anschluss an die Lehrveranstaltungen, die außerdem mit einer Note bewertet werden. Die Bonuspunkte werden grundsätzlich nur für erbrachte Leistungen vergeben. Der Besuch von Vorlesungen alleine ist in diesem Sinne keine Leistung.

Die Anzahl der Bonuspunkte, die in den Vorlesungsverzeichnissen angegeben wird, richtet sich nach dem Arbeitsaufwand, der mit der jeweiligen Lehrveranstaltung verbunden ist. Sie orientiert sich zumeist an der Zahl der Semesterwochenstunden. Die Bonuspunkte geben also das Gewicht an, mit dem die erzielte Note später in die Berechnung der Fachnote bzw. Diplomnote eingeht, während die Noten die Qualität der Leistungen beurteilen. Abgesehen von der Mindestnote 4.0 beeinflusst die Note die Anzahl der Kreditpunkte somit nicht.

Für nicht bestandene Prüfungen werden, entsprechend der zu erzielenden Bonuspunkte, Maluspunkte vergeben. Überschreitet die Anzahl der Maluspunkte bestimmte Obergrenzen, so gilt die Diplomprüfung als endgültig nicht bestanden. Die zulässige Höchstzahl an Maluspunkten entspricht meist den Mindestanforderungen an Bonuspunkten in dem jeweiligen Prüfungsfach. An einigen Universitäten gibt es jedoch sog. Freiversuche. Dabei erhält man bei einer nicht bestandenen Klausur keine Maluspunkte.

Die Art der Prüfung steht im Ermessen des Prüfers. Es sind mündliche bzw. schriftliche Prüfungen, Einzel- oder Gruppenprüfungen, schriftliche Essays, Seminararbeiten, Präsentationen und Vorträge, Projektarbeiten, Praktikumsberichte oder die nachweisbar aktive Mitarbeit in einem Seminar als Leistungsnachweis möglich.

Die Gesamtnote (Abschlussnote) eines Prüfungsfachs errechnet sich aus den mit den Bonuspunkten gewichteten Einzelnoten der besuchten Veranstaltungen.
Die Gesamtnote des Diploms ergibt sich wiederum aus den gewichteten Einzelnoten der Prüfungsfächer und der Diplomarbeit. Es wird jede Note berücksichtigt. Man hat nicht die Möglichkeit, mehr Bonuspunkte als nötig zu erwerben, um sich ggf. nur die besser benoteten Kurse anrechnen zu lassen.

7.2.2. Beispiel

Das Beispiel bezieht sich auf den Studiengang Betriebswirtschaftslehre. Das Prinzip gilt für das Studium der Volkswirtschaftslehre analog.

Im Pflichtfach Allgemeine Betriebswirtschaftslehre wurden 21 Bonuspunkte erzielt, die sich wie folgt verteilen:

	Bonuspunkte	Note	BP * Note
Vorlesung Finanzierung	3 BP	1,7	5,1
Vorlesung Investition	3 BP	4,0	12,0
Vorlesung Produktion	3 BP	1,3	3,9
Vorlesung Absatz	2 BP	2,0	4,0
Vorlesung Bilanzen	2 BP	1,0	2,0
Seminar	4 BP	2,3	9,2
Integrationsseminar	4 BP	2,7	10,8
Summe	21 BP		47,0
Gewichtetes Mittel (47/21)		2,2381	
Fachnote Allg. BWL (gerundet)		2,3	

Die Fachnoten und die Note der Diplomarbeit werden analog zur Gesamtnote zusammengefasst:

	Bonuspunkte	Fachnote	BP * Note
Allgemeine BWL	21 BP	2,3	48,3
Volkswirtschaftslehre	16 BP	2,0	32,0
1. Spezielle BWL	16 BP	1,0	16,0
2. Spezielle BWL	15 BP	3,3	49,5
Wahlfach	13 BP	1,3	16,9
Diplomarbeit	20 BP	1,0	20,0
Summe	101 BP		182,7
Gewichtetes Mittel (182,7/101)		1,8089	
Diplomnote (gerundet)		gut	

7.2.3. Vorteile

Da beim Credit-Point-System die Gesamtnote kontinuierlich durch relativ viele, aber überschaubare Leistungskontrollen während des Studiums aufgebaut wird, werden "Ausfälle", z.B. schlecht bestandene Klausuren, relativiert. Durch die Aufspaltung in Teilprüfungen soll außerdem der psychologische Druck abgebaut werden, und somit die Studienerfolgsquote erhöht werden.

Eine Verkürzung des Studiums soll, neben dem Abbau des psychologischen Drucks, durch eine geringere Anzahl anmeldepflichtiger Veranstaltungen erreicht werden, so dass die Länge des Studiums weniger von der Aufnahme in überfüllte Kurse abhängt.

Mit dem Credit-Point-System sollen die Studienleistungen der Studierenden transparenter dargestellt werden. Den Studierenden wird damit die Planung ihres Studiums erleichtert.

Durch die relativ große Verbreitung des Credit-Point-Systems werden weiterhin Wechsel zwischen Universitäten im In- und Ausland und die Anerkennung der Leistungen erleichtert. Mit dem Credit-Point-System wird die universitätsübergreifende Mobilität der Studierenden gefördert.

Um welche Prüfungsart es sich an der jeweiligen Universität handelt und wie die genauen Prüfungsbedingungen sind, ist den Prüfungsordnungen der Universitäten zu entnehmen.

7.3. Diplomarbeit

Die Diplomarbeit soll zeigen, dass man in der Lage ist, eine wirtschaftliche Fragestellung selbständig nach wissenschaftlichen Methoden zu bearbeiten. Je nach Universität hat man dabei die Wahl zwischen einer Arbeit mit sechs bzw. drei Monaten Bearbeitungsdauer. Bei der Diplomarbeit mit sechs Monaten Bearbeitungsdauer hat man im Allgemeinen ein Vorschlagsrecht, d.h. man kann mit seinem Prüfer die Aufgabenstellung im Vorfeld abstimmen. Hier bietet sich gerade für BWLer die Möglichkeit, mit einem Unternehmen zusammen eine praxisorientierte Diplomarbeit zu schreiben. Eine solche Zusammenarbeit endet nicht selten damit, dass dem Diplomanden nach erfolgreichem Abschluss der Diplomarbeit eine feste Anstellung in diesem Unternehmen angeboten wird. Aber selbst wenn dies nicht der Fall ist, hat eine Diplomarbeit, die mit einem Unternehmen zusammen durchgeführt wird, den großen Vorteil, dass man Praxiserfahrungen sammelt, die von allen Unternehmen sehr gewünscht werden. Auf der anderen Seite ist die sechsmonatige Diplomarbeit natürlich zeitaufwendiger und die Literaturrecherche gestaltet sich häufig schwieriger, da man zumeist an einem aktuellen Thema forscht. Ferner kommt es leider oft vor, dass die Unternehmen in einem Diplomanden nur eine günstige und hochmotivierte Arbeitskraft sehen, so dass sie einem wenig Zeit lassen, die zur eigenen Diplomarbeit notwendigen Ergebnisse aufzubereiten.

Bei den Diplomarbeiten mit drei Monaten Bearbeitungsdauer wird dem Diplomanden häufig ein Thema ohne vorherige Absprache zugewiesen, wobei man innerhalb einer bestimmten Frist das Recht hat, ein neues Thema gestellt zu bekommen. Die dreimonatigen Diplomarbeiten haben häufig eher den Charakter und den Umfang von Seminarhausarbeiten. Die Diplomarbeit kann vor, während oder nach den Fachprüfungen (Examen) angefertigt werden, wobei die meisten Studenten damit bis zum Schluss warten.

Die Diplomarbeit wird in der Regel vom Prüfer, der das Thema gestellt hat, und einem weiteren Gutachter schriftlich beurteilt. Eine nicht ausreichende Diplomarbeit kann man mit einem neuen Thema einmal wiederholen.

Die Leistungen in der Diplomarbeit und in den einzelnen Prüfungsfächern werden anschließend zu einem Gesamtergebnis zusammengefasst.

7.4. Abschluss

Das Studium der Betriebswirtschaftslehre wird mit dem Titel Diplom-Kaufmann abgeschlossen. Nach einem volkswirtschaftlichen Studium trägt man den Titel Diplom-Volkswirt. Neben dem reinen BWL- bzw. VWL-Studium gibt es an einigen Universitäten ein kombiniertes Studium der Wirtschaftswissenschaften/Ökonomie, das die traditionelle Zweiteilung in VWL und BWL insofern erweitert, als dass in diesem kombinierten Studium durch eine individuelle Fächerauswahl im Hauptstudium ein eher volkswirtschaftlicher bzw. betriebswirtschaftlicher Schwerpunkt gesetzt werden kann. Dieses Studium wird durch die Diplomprüfung mit dem Grad Diplom-Ökonom abgeschlossen.

8. Die Promotion

Die Krönung einer wissenschaftlichen Ausbildung ist die Promotion. Entsprechend schwer ist der Titel "Dr." zu erwerben, zumindest im wirtschaftswissenschaftlichen Bereich.
Der Anteil der Promotionen an den Diplomprüfungen im Studienbereich Wirtschaftswissenschaften liegt gerade einmal zwischen 7 und 10 Prozent.
Die Entscheidung, ob man gleich in die betriebliche Praxis gehen oder sich im Rahmen der Promotion intensiv für einen längeren Zeitraum mit einem wissenschaftlichen Problem auseinandersetzen will, ist von individuellen Faktoren abhängig. Die persönlichen Interessen, aber auch die finanzielle Situation können so verschieden gelagert sein, dass einer Promotion allgemein weder zu- noch abgeraten werden kann. Weiterhin sind die Voraussetzungen für die Zulassung zur Promotion entsprechend der jeweiligen Promotionsordnung zu beachten. Häufig wird z.B. ein Examen mit einer Note besser als "befriedigend" gefordert.

Grundsätzlich stehen drei Wege zur Promotion offen: Lehrstuhltätigkeit an einer deutschen Universität, freie Promotion an einer deutschen Universität oder freie Promotion im Ausland (z.B. Österreich). Der häufigste und erfolgversprechendste Weg ist die Tätigkeit als wissenschaftliche Hilfskraft/wissenschaftlicher Mitarbeiter an einem Institut der Fakultät.

8.1. Wissenschaftlicher Mitarbeiter

Es gibt zwei Wege wissenschaftlicher Mitarbeiter zu werden. Entweder wird man vom Professor aufgrund guter Examensnoten direkt angesprochen oder man bewirbt sich selber. Voraussetzung für eine erfolgreiche Bewerbung sind neben einer guten Diplomnote konkrete Vorstellungen über Sinn und Zweck einer Promotion sowie ein nachweisbares Interesse und Kenntnisse in mindestens einem Themengebiet, das Grundlage der Lehrstuhltätigkeit und der Promotion sein könnte. Persönliche Bekanntheit am Institut durch Hauptseminar, hilfswissenschaftliche Tätigkeiten o.ä. schadet nicht, da an vielen Instituten die vorhandenen Mitarbeiter bei der Suche und Auswahl neuer Doktoranden eingebunden werden.

Die Tätigkeit als wissenschaftlicher Mitarbeiter wird insofern schlecht bezahlt, als die meisten Assistenten nur mit Teilzeitverträgen beschäftigt sind (etwa 10-30 Wochenstunden), aber Vollzeit arbeiten. Viele üben daher Nebentätigkeiten aus, wie z.b. Lehrtätigkeit an Volkshochschulen, Fachhochschulen, Bank- und Berufsakademien. Dies ist durchaus sinnvoll, da es die pädagogischen Fähigkeiten trainiert.

Die Dauer einer Promotion liegt mittlerweile bei durchschnittlich 4-5 Jahren. Insbesondere an den überlasteten betriebswirtschaftlichen Lehrstühlen liegt die Promotionsdauer meist bei mindestens 5 Jahren. Die Doktorarbeit (200-400 Seiten) wird neben dem normalen Job geschrieben; an einigen Instituten werden die Mitarbeiter für mehrere Monate freigestellt, d.h. sie brauchen außer an ihrer Dissertation nicht zu arbeiten.

8.2. Die freie Promotion

Eine andere Möglichkeit den Doktortitel zu erhalten, ist die Durchführung einer freien Promotion, d.h. eine Doktorarbeit anzufertigen, ohne zugleich am Lehrstuhl tätig zu sein. Die Betreuung einer solchen Promotion bedeutet für den Lehrstuhlinhaber und Doktorvater eine zusätzliche Arbeitsbelastung in einer Zeit, wo die Überlastung des Fachbereichs Normalität ist. Da nur in wenigen Fällen die Finanzierung der Promotion über ein Stipendium erfolgen kann, sind viele Promovierende berufstätig. Die Doppelbelastung der Berufstätigkeit und Promotion wird aber regelmäßig unterschätzt, so dass über 80% der freien Promotionen scheitern bzw. vorzeitig aufgegeben werden. Erfolgreich sind Förderprogramme von Unternehmen, insbesondere von Unternehmensberatungen, die ihre Mitarbeiter mindestens ein halbes Jahr lang für die Promotion freistellen.

8.3. Promotion im Ausland

Insbesondere in Österreich ist eine Promotion schneller als in Deutschland zu erlangen, denn dort ist eine freie Promotion die Regel, der Assistentenjob eher die Ausnahme. Die Zeiten sind jedoch vorbei, in denen Deutsche mit schlechten Examensnoten in Österreich mit wenig Aufwand promovieren konnten. Österreich verlangt von jedem Bewerber den Nachweis, dass er auch an seiner Heimat-Universität hätte promovieren können. Dieser Nachweis wird von den Dekanen sehr restriktiv bewilligt. Der wesentliche Vorteil einer Auslandspromotion ist der Zeitvorteil, da eher freie Promotionen vergeben werden. Man muss aber auch viel Arbeit investieren und ein gutes Examen als Voraussetzung mitbringen.

8.4. Sinn einer Promotion

Die Promotion darf in ihrer Wirkung nicht überschätzt werden, nicht zuletzt aufgrund der harten Konkurrenz durch den MBA. Allerdings kann sie bei sonst gleicher Qualifikation zweier Bewerber den Ausschlag geben. Dabei legen viele Unternehmen Wert darauf, dass promovierte Bewerber eine Altersgrenze von ca. 30 - 32 Jahren nicht überschreiten.

Sehr nützlich ist die Promotion für spezielle berufliche Tätigkeitsfelder, die mit umfangreichen Repräsentationspflichten verbunden sind, insbesondere im Bereich der Steuerberatung und Wirtschaftsprüfung, Unternehmensberatung und Personalberatung. Es ist heute beinahe ausgeschlossen, ohne Promotion Vorstandsassistent einer großen Aktiengesellschaft zu werden. Auch wer sich als Wirtschaftsprüfer selbständig machen möchte, hat durchaus Vorteile, wenn er promoviert hat.

Finanzielle Nachteile während der Promotion können hier durch späteren schnellen Aufstieg wettgemacht werden, nicht zuletzt aufgrund der Kontakte, die man während der Zeit an der Universität gewinnen konnte.

Weiterhin ist eine Promotion für die Hochschullehrerlaufbahn notwendig. Es ergeben sich zwar Möglichkeiten, für den promovierten Wirtschaftswissenschaftler als wissenschaftlicher Mitarbeiter bzw. als Hochschulassistent befristet an der Hochschule zu bleiben und zu habilitieren, doch sind die

Aussichten, eine Professur bzw. eine adäquate Position außerhalb der Hochschule zu bekommen, ausgesprochen ungünstig.

9. Berufsperspektiven[1]

9.1. Finanz- und Rechnungswesen

Dieser Funktionsbereich ist ein zentrales Einsatzgebiet für vorwiegend betriebswirtschaftlich ausgebildete Wirtschaftswissenschaftler. Von den Bewerbern werden Erfahrungen in der Kosten-, Ergebnis- und Planungsrechnung sowie in der Liquiditäts-, Finanz- und Budgetplanung und -kontrolle erwartet. Hinzu kommen Kenntnisse in Datenverarbeitungsanwendungen. Die Nachfrage nach Fachkräften kommt inzwischen stärker aus dem Dienstleistungsbereich als aus der Industrie. In jüngster Zeit haben vor allem Kreditgewerbe, Wirtschafts- und Personalberatungen, aber auch der Handel verstärkt Stellen angeboten. Im produzierenden Gewerbe waren hier die meisten Stellen in den Branchen Maschinen und Apparatebau, sowie der Elektro- und Bauindustrie ausgeschrieben. Auch Versorgungsunternehmen und die Immobilienwirtschaft suchten Fachleute für das Finanz- und Rechnungswesen.

9.2. Controlling

Controlling ist üblicherweise eng mit dem Finanz- und Rechnungswesen verbunden. Aber auch die hieraus resultierenden Budgetierungs- und Planungsaufgaben, interne Revision und das betriebliche Berichtswesen gehören - zumindest teilweise - in diesen Bereich. In Großunternehmen besteht häufig eine Zentralabteilung „Controlling", die diese Aufgaben koordiniert. Aufgrund neuer Stellenausschreibungen in den Printmedien lässt sich feststellen, dass derzeit in der Industrie mehr Controller als im privaten Dienstleistungsbereich gesucht werden. Die Branchen Elektrotechnik/Elektronik, Maschinenbau, Nahrungs- und Genussmittel sowie Pharma und Chemie suchen verstärkt Fachkräfte für diesen Bereich. Bei den Dienstleistern gilt dasselbe für das

---

[1] Quelle: Arbeitsmarkt-Information Qualifizierte Fach- und Führungskräfte Wirtschaftswissenschaftlerinnen und Wirtschaftswissenschaftler, Arbeitsmarktinformationsstelle, Frankfurt am Main, 1998

Kreditgewerbe, die Telekommunikation, die Softwarebranche und IT-Dienstleister, Handel, Versorgungsunternehmen und das Gesundheitswesen.

9.3. Marketing/Vertrieb

Fach- und Führungskräfte mit dem Schwerpunkt Marketing/Vertrieb werden etwa zu gleichen Teilen aus der Industrie und der Dienstleistungsbranche gesucht. Bei der Industrie stehen Elektrotechnik/Elektronik, Maschinenbau und der Pharmabereich im Vordergrund, im Dienstleistungsbereich die IT-Beratungs- und Softwarebranche, die Kreditwirtschaft, das Versicherungsgewerbe, der Handel und der Bereich Werbung und Marktforschung. Wenn das Aufgabengebiet international ausgerichtet ist, werden sehr gutes Englisch und Kenntnisse einer weiteren wichtigen Handelssprache erwartet.

9.4. Einkauf/Materialwirtschaft/Logistik

Fach- und Führungskräfte des Funktionsbereiches Einkauf/Materialwirtschaft/ Logistik werden schwerpunktmäßig von Unternehmen des Maschinen- und Fahrzeugbaus sowie der elektronischen und metallverarbeitenden Industrie nachgefragt. Aber auch die Branchen Verkehr/Transport, Feinmechanik/Optik, Nahrungs- und Genussmittel sowie nicht zuletzt der Handel sind potentielle Stellenanbieter.

In dem Einsatzbereich hat sich durch strukturelle Veränderungen das Anforderungsprofil gegenüber früheren Jahren deutlich gewandelt. Nicht der klassische Einkäufer, sondern der Materialwirtschafter mit fundiertem technischem Wissen steht hier im Mittelpunkt des Interesses. Dabei greifen die Unternehmen verstärkt auch auf Ingenieure oder Wirtschaftsingenieure zurück. Betriebswirte haben dann Chancen, wenn sie über einen technisch orientierten Hintergrund (z.B. vorhergegangene Ausbildung) verfügen. Sofern die Unternehmen sich internationaler Beschaffungsmärkte bedienen, werden von den Bewerbern gute Fremdsprachenkenntnisse verlangt.

9.5. Personalwesen/Aus- und Weiterbildung

Auf diesem Gebiet sind außer Wirtschaftswissenschaftlern mit hohem Anteil auch Soziologen, Psychologen, Juristen, Sozialarbeiter und Sozialpädagogen vertreten. Die Nachfrage nach Fach- und Führungskräften dieses Bereiches konzentriert sich mehr auf die Tätigkeit in der Personalauswahl, -planung und -entwicklung. In der betrieblichen Weiterbildung finden sich neben Wirtschaftswissenschaftlern auch zahlreiche Informatiker und Ingenieure aller Fachrichtungen.

9.6. Banken und Versicherungen

Der Einstieg in das Bankengeschäft erfolgt in der Regel über eine Trainee-Ausbildung. Von den Unternehmen des Bankgewerbes werden ausgeprägtes Interesse für das Geld- und Kreditgeschäft, oder noch besser, eine bereits absolvierte Banklehre bzw. der Studienschwerpunkt Bankbetriebslehre vorausgesetzt. Unabdingbar sind gute Diplomnoten und ausgezeichnete Fremdsprachenkenntnisse (Englisch ist hier obligatorisch), Flexibilität und geographische Mobilität im In- und Ausland. Nach einer Trainee-Ausbildung erfolgt der Einsatz hauptsächlich in den Kredit- und Wertpapierabteilungen sowie im internationalen Geschäft, mitunter auch in der Konzernzentrale.

Das Versicherungsgewerbe ist Arbeitgeber für zahlreiche Wirtschaftsakademiker in unterschiedlichen Positionen. Für sie bieten sich vor allem Arbeitsmöglichkeiten im Vertrieb, in der Vermögensverwaltung und den Personalabteilungen an. Ein besonders wichtiger Bereich im Versicherungsgeschäft ist der Außendienst. Hier werden Wirtschaftswissenschaftler überwiegend im Großkundengeschäft eingesetzt.

9.7. Steuerberatung und Wirtschaftsprüfung

Hier erfolgt der berufliche Einstieg häufig über eine Assistentenposition bei einer Beratungs- bzw. Wirtschaftsprüfungsgesellschaft.
Zu den typischen Aufgaben gehören:
- Buchführungs- und Aufzeichnungspflichten von Mandanten erfüllen
- Handelsbilanzen und Steuerbilanzen aufstellen und prüfen
- Steuererklärungen fertigen

- Steuerbescheide und Betriebsprüfungsberichte erstellen und prüfen
- Mandanten vor Behörden vertreten und Anträge stellen sowie für Mandanten in außergerichtlichen und finanzgerichtlichen Rechtsverfahren eintreten.

Danach kann der Assistent die Steuerberatungsprüfung bzw. das Wirtschaftsprüferexamen ablegen. Die Zulassung zur Steuerberatungsprüfung setzt voraus, dass der Anwärter wenigstens drei Jahre auf dem Gebiet des Steuerwesens tätig gewesen ist. Die Zulassung zum Wirtschaftsprüferexamen erfordert eine mindestens fünfjährige Tätigkeit in der Wirtschaft, davon wenigstens vier Jahre in einem Unternehmen der Wirtschaftsprüfung. Nach erfolgreicher Prüfung besteht die Möglichkeit der Berufsausübung als selbständiger oder als angestellter Wirtschaftsprüfer.

9.8. Unternehmensberatung

Unternehmensberater müssen sich in kürzester Zeit einen Überblick über die Stärken und Schwächen des zu beratenden Unternehmens verschaffen und maßgeschneiderte Lösungen entwickeln können.

Das Leistungsangebot der Unternehmensberatung erstreckt sich von der Strategieberatung über die Reorganisation und die Optimierung von Organisationsprozessen bis hin zu deren Einführung. Das Gesundheitswesen und der öffentliche Sektor sowie Umweltprüfungen und -beratungen bilden weitere Schwerpunkte, wie auch Vermögensverwaltungen, Testamentsvollstreckungen, die betriebliche Altersversorgung sowie die Zoll- und Außenwirtschaftsberatung. Unter Beratung ist die verantwortliche Unterstützung von der Analyse der Problemstellung bis zur abschließenden Umsetzung zu verstehen. Es werden dabei u.a. Strategien und Konzepte entwickelt, Markt- und Unternehmensanalysen durchgeführt, Geschäftsprozesse geplant und optimiert, in Fragen des Projektmanagements und der Qualitätssicherung beraten, neue Softwaresysteme eingeführt und Mitarbeiter im Umgang mit neuen Systemen geschult.

9.9. Informationstechnologie (IT)/ Softwarebranche

Die IT-Beratungs- und Softwarebranche hat sich mittlerweile zu einem potenten Stellenanbieter für Wirtschaftswissenschaftler entwickelt. Neben Beratung im engeren Sinne spielen aber auch der Vertriebsbereich, die Organisation sowie

Controlling und Marketing/Werbung eine wichtige Rolle, bzw. verzahnen sich zunehmend miteinander. Wirtschaftswissenschaftler mit ausgezeichneten IT-Kenntnissen werden vor allem von Beratungs- und Softwarehäusern, aber auch von Unternehmen der Hightech- und sonstigen Fertigungsindustrien gesucht. Wegen der im IT-Bereich besonders schnell voranschreitenden Entwicklungen ist der Anteil an berufsbegleitenden Weiterbildungsmaßnahmen hier sehr hoch.

9.10. Kammern und Verbände

Diese Organisationen bieten Wirtschaftswissenschaftlern ein breites Beschäftigungsfeld. Die hohe Zahl der Verbände deutet jedoch nicht auf einen sehr starken Personalbedarf hin, denn Verbände sind in der Regel keine Großorganisationen und arbeiten mit eher knappem Personalaufwand.

Die großen Arbeitgeber- und Arbeitnehmerverbände sind in der Hauptsache tarif- und sozialpolitisch tätig. Kammern vertreten die Interessen ihrer Mitglieder auf regionaler Ebene und wirken auch in Fragen der Wirtschaftsförderung mit. Wirtschaftspolitische Verbände dienen dagegen der fachlichen Beratung, nehmen zentrale Gemeinschaftsaufgaben für ihre Mitglieder wahr und vertreten die Interessen der jeweiligen Branchen und Wirtschaftsgruppen gegenüber staatlichen Institutionen und der Öffentlichkeit.

9.11. Öffentlicher Dienst

Im öffentlichen Dienst haben sich insgesamt die Beschäftigungsmöglichkeiten für Wirtschaftswissenschaftler erweitert. Sie sind z.B. in Bundes- und Landesministerien mit den jeweils nachgeordneten Behörden (z.B. Finanzverwaltung), in Kreis- und Stadtverwaltungen, der Bundesbank, der Bundesanstalt für Arbeit, bei anderen öffentlichen Sozialverwaltungen, dem statistischen Bundesamt und nicht zuletzt in Wissenschaft und Forschung beschäftigt. Die in den einzelnen Sektoren des öffentlichen Dienstes wahrzunehmenden Aufgaben sind vielfältig. Sie reichen von Tätigkeiten, wie sie für erwerbswirtschaftlich organisierte Unternehmen typisch sind, bis hin zu Fachaufgaben der jeweiligen Behörden und Ämter.

Besonders erwähnenswert ist, dass im öffentlichen Dienst ausnahmsweise die Volkswirte den Betriebswirten meist vorgezogen werden, da diese sich in ihrem Studium verstärkt auf gesamtwirtschaftliche Fragestellungen spezialisiert haben.

9.12. Großunternehmen/Mittelbetrieb

Grundsätzlich bieten sich in beiden Unternehmensgrößen Chancen, in Führungspositionen aufzurücken. Im Mittelbetrieb besteht die Möglichkeit, ein breites Aufgabenfeld anvertraut zu bekommen. Dagegen steht die größere Tiefe, aber auch die entsprechende Spezialisierung in einem Großunternehmen. Ein beruflicher Aufstieg innerhalb eines Großunternehmens ist eher gegeben, während man in einem Mittelbetrieb unter Umständen nach einigen Jahren auf Grenzen stößt. Dann ist ein weiterer beruflicher Aufstieg nur über einen Firmenwechsel möglich. Da die großen Unternehmen ihren Führungsnachwuchs überwiegend aus den eigenen Reihen rekrutieren, wird ein Wechsel vom Mittelbetrieb in ein Großunternehmen die Ausnahme bleiben. Der umgekehrte Weg ist durchaus möglich, wenn die Tätigkeit in einem Großunternehmen nicht zu lange dauert. Nach 3-5 Jahren ist ein berufserfahrener Bewerber aus einem Großbetrieb durchaus für mittlere Betriebe interessant.

10. Auswahlkriterien für Berufsanfänger

In der Regel wird heute das Studium der Wirtschaftswissenschaften an den Hochschulen nach ca. 11 Semestern, an den Fachhochschulen nach knapp 7 Semestern mit der jeweiligen Diplomprüfung abgeschlossen. Entsprechend sind bei Eintritt in das Berufsleben die Absolventen der Hochschulen durchschnittlich 27-28 Jahre alt, die der Fachhochschulen 25-26 Jahre alt. Ein gravierendes Überschreiten der durchschnittlichen Studienzeit um mehrere Fachsemester fällt negativ auf und bedarf schon überzeugender und auch in den Bewerbungsunterlagen sofort erkennbarer Gründe (etwa Ausbildung, Auslandssemester etc.), um dies auszugleichen.

Das Anforderungsprofil für Absolventen unterscheidet sich nach Branchen zum Teil deutlich:
- Banken und Versicherungen betrachten eine vorhergegangene Berufsausbildung bzw. Lehre als sehr wichtig, während die Diplomnote und

außeruniversitäre Aktivitäten im Vergleich zu anderen Branchen nicht von entscheidender Bedeutung sind.
- Wirtschaftsprüfungsgesellschaften und Unternehmensberatungen zeichnen sich allgemein durch die höchsten Anforderungen aus. Während hier eine Berufsausbildung als nicht so wichtig angesehen wird, haben Noten generell einen hohen Stellenwert, welches auch dadurch ersichtlich wird, dass die Diplomnote das bedeutsamste fachliche und studienbezogene Merkmal ist. Großen Einfluss haben alle persönlichen Merkmale, vor allem jedoch intellektuelle Fähigkeiten. Auffallend ist auch, dass hier die Reisebereitschaft einen hohen Stellenwert einnimmt.
- Handel und Nahrungsmittelindustrie legen im Allgemeinen großen Wert auf praktische Erfahrung, vor allem auf Berufserfahrung vor oder während des Studiums (Praktika), während Noten keinen übermäßig hohen Stellenwert besitzen. Als wichtige persönliche Eigenschaften werden die Fähigkeit zu praxisbezogenem Denken, die Bereitschaft zur Übernahme von Verantwortung sowie die Fähigkeit, andere zu motivieren, angesehen. Weniger bedeutsam sind hier umfangreiche Fremdsprachenkenntnisse.
- Für die Branchen Stahl-, Maschinen- und Fahrzeugbau sind Praktika bzw. Werkstudententätigkeiten von überragender Bedeutung. Die belegten Studienfächer innerhalb der Wirtschaftswissenschaften sind dagegen relativ unwichtig. Unverzichtbar für eine Tätigkeit in dieser Branche ist die Fähigkeit zur Teamarbeit bzw. die Integrationsfähigkeit.
- Die Personalabteilungen der Chemieindustrie bevorzugen vor allem Studenten mit kurzer Studienzeit, die zudem fähig sind, andere zu motivieren sowie regional und international mobil sind. Als unverzichtbar werden auch hier die Fähigkeit zur Teamarbeit sowie die Fähigkeit zu problemorientiertem Denken angesehen.

10.1. Diplomnote

Die Diplomnote zählt trotz der mit ihnen verbundenen Problematik nach wie vor zu den wichtigsten Auswahlkriterien für Berufsanfänger. Dies gilt weniger für die tatsächliche Einstellung, als vielmehr überhaupt für die Chance, in den engeren Kreis der zum Vorstellungsgespräch eingeladenen Bewerber zu gelangen. Ein nicht so zufriedenstellendes Ergebnis kann unter Umständen durch andere, wesentliche Kriterien, wie z.B. eine Lehre oder gute EDV-Kenntnisse ausgeglichen werden.

10.2. Fremdsprachen

Die Studienzeit sollte genutzt werden, die Fremdsprachenkenntnisse über das Schulniveau hinaus zu verbessern. Bei den internationalen Verflechtungen der Wirtschaft ist dies eine immer stärker werdende Notwendigkeit. Englisch, Französisch und/oder Spanisch sind die Sprachen, die als zusätzliche Qualifikationen besonders gefragt sind. Allerdings ist auch das Erlernen einer „kleinen" europäischen Sprache (wie z.B. Portugiesisch, Italienisch oder Schwedisch) vor dem Hintergrund der EU eine geeignete Zusatzqualifikation, um sich von der Masse der Absolventen abzusetzen. Fremdsprachenkenntnisse kann man durch universitäre Kurse oder durch ein Auslandspraktikum erwerben. Gerade das Auslandspraktikum hat hier seinen besonderen Stellenwert, weil man sich im Ausland mit anderen Mentalitäten auseinandersetzen muss.

10.3. Auslandsstudium/Auslandssemester

→ Auslandsaufenthalt

Ein Auslandsstudium wird von vielen Unternehmen sehr geschätzt. Abgesehen von den zwangsläufig gewonnenen Sprachkenntnissen signalisiert ein Auslandstudium eine Beweglichkeit und Bereitschaft des Bewerbers, sich auf andere Mentalitäten einzustellen. Da die Realisation eines solchen Vorhabens mit nicht unerheblichen persönlichen Belastungen verbunden ist, wird daraus auch auf ein hohes Maß an Belastbarkeit und Durchsetzungsvermögen geschlossen. Solche Eigenschaften werden gerade von Nachwuchsführungskräften erwartet. Als Alternative zu einem Auslandsstudium kann auch ein (mehrere Monate dauerndes) Auslandspraktikum in Betracht gezogen werden, da hier neben den oben angesprochenen Zusatzqualifikationen noch Praxiserfahrung hinzukommen. Zudem erhält man meist ein gutes Gehalt als Auslandspraktikant.

10.4. EDV-Kenntnisse

Der Einsatz von Datenverarbeitung ist wesentlicher Bestandteil unternehmerischer Aufgaben. Daher werden Kenntnisse und vor allem Anwendungserfahrungen in der Datenverarbeitung für Wirtschaftswissenschaftler immer wichtiger. Ebenso werden grundlegende Programmierkenntnisse honoriert.

10.5. Promotion

Die Promotion ist nicht der Regelabschluss eines wirtschaftswissenschaftlichen Studiums. Außerhalb der Hochschule gibt es Positionen, bei denen eine Promotion eine notwendige, zumindest aber wünschenswerte Voraussetzung darstellt. Es ist heute beinahe ausgeschlossen, ohne Promotion Vorstandsassistent einer großen Aktiengesellschaft zu werden. Auch wer sich als Wirtschaftsprüfer selbständig machen möchte, hat durchaus Vorteile, wenn er promoviert hat. Allgemein ist zu sagen, dass bei allen Aufgaben, die mit umfangreichen Repräsentationspflichten verbunden sind, z.B. als Verbandsgeschäftsführer, der promovierte Bewerber bei sonst vergleichbaren Voraussetzungen sicher die größeren Chancen hat. Allerdings sollte bei Abschluss der Promotion das Alter von 30 Jahren nicht weit überschritten werden.

10.6. Managementschulen

Eine Alternative zur Promotion ist ein postgraduiertes Studium an einer sog. Business School. Diese Studien schließen mit dem Master of Business Administration (MBA) ab.
Jedes postgraduierte Studium ist jedoch trotz der Tatsache, dass es auch hierfür Stipendien gibt, mit einem erheblichen finanziellen Aufwand verbunden, so dass diese Möglichkeit nur für einen kleineren Personenkreis in Frage kommen wird.

10.7. Zweitstudium

Neben anderen denkbaren Alternativen soll hier auf die häufig geäußerte Absicht eingegangen werden, das Wirtschaftsstudium durch ein rechtswissenschaftliches Studium zu ergänzen. Abgesehen davon, dass man wie bei der Promotion die Altersgrenze im Auge behalten sollte, ist in der Regel nicht damit zu rechnen, dass man unmittelbar beide Qualifikationen verwerten kann – weder funktionell noch finanziell.

10.8. Außerfachliche Qualifikationen

Neben den geschilderten fachlichen Qualifikationen haben außerfachliche Qualifikationen eine sehr große Bedeutung. Unter außerfachlichen Qualifikationen werden soziale Fähigkeiten und in der Persönlichkeit liegende Faktoren der Mitarbeiter verstanden. Als Stichworte, die in Stellenausschreibungen immer wieder zu finden sind, mögen hier Zielstrebigkeit, Teamfähigkeit, Kommunikationsbereitschaft und Mobilität ausreichen. Auch die Mitarbeit in Einrichtungen des gesellschaftlichen und politischen Lebens gehört hierzu (z.b.: Trainer im Sportverein, ehrenamtliche Tätigkeit, Parteiarbeit, etc.). Aus einem Engagement in solchen Institutionen ziehen Personalverantwortliche in Unternehmen Rückschlüsse auf das soziale Verhalten und die persönlichen Eigenschaften, wie Organisationstalent, Durchsetzungsvermögen, Kreativität und Belastbarkeit. Zu den außerfachlichen Qualifikationen zählt z.B. auch die aktive Teilnahme an studentischen Organisationen

11. Bewerbungshinweise

Nicht allein die fachliche und persönliche Eignung ist ausschlaggebend für den Erfolg der Arbeitsplatzsuche. Fragen, die Form und Gestaltung von Bewerbungsunterlagen betreffen, werden häufig auch von hochqualifizierten Bewerbern in ihrer Bedeutung unterschätzt. Die Bewerbung selbst sollte für jede Stelle bzw. jedes Unternehmen, bei dem man sich bewirbt, maßgeschneidert sein. Besondere Fähigkeiten, erworbene Spezialkenntnisse und persönliche Interessen sollten stets in Hinblick auf die gestellten Anforderungen präzise und wahrheitsgemäß dargelegt werden. Neben Bewerbungen auf einschlägige Stellenanzeigen, meist aus den großen überregionalen Zeitungen und Stellenangeboten im Internet, ist es für Berufsanfänger oft hilfreich, zusätzlich Initiativbewerbungen bei Unternehmen und Institutionen vorzulegen. Wenn die persönlichen bzw. fachlichen Voraussetzungen passen, bestehen durchaus Chancen, auf diese Art eine geeignete Stelle zu finden. Persönliche Kontakte, die z.B. während des

Studiums durch Betriebspraktika erworben wurden, sollten intensiv genutzt werden.

11.1. Die schriftliche Bewerbung

Die schriftliche Bewerbung ist die ganz persönliche Visitenkarte, die das Interesse des Unternehmens an dem Bewerber wecken soll. Als Absolvent tritt man in Konkurrenz zu vielen Mitbewerbern. Das Ziel der schriftlichen Bewerbung muss es daher sein, sich gegenüber anderen positiv abzuheben. Fehlerhafte, unsaubere und schlecht aufbereitete Unterlagen oder "Postwurfsendungen" führen mit Sicherheit zu einer Absage, zumal die Einstellung eines neuen Mitarbeiters für das Unternehmen eine hohe Investition bedeutet.

Grundsätzlich sollten alle Unterlagen mit Computer oder Schreibmaschine erstellt werden, es sei denn, es wird ausdrücklich eine Handschriftprobe verlangt. Ebenso brauchen Kopien normalerweise nicht beglaubigt zu sein.

Zu einer schriftlichen Bewerbung gehören die folgenden Papiere (Checkliste):
- individuelles Bewerbungsschreiben
- tabellarischer Lebenslauf mit Passbild
- alle Zeugniskopien ab Abitur
- vorläufiger Notenspiegel, wenn das Abschlusszeugnis noch nicht vorliegt

Zu den Zeugnissen gehören bei Absolventen insbesondere das Vordiplom, aber auch andere Zertifikate, wie z.B. über Berufsausbildung, Praktika oder Sprachkurse. Sofern man sein Abschlusszeugnis noch nicht hat, genügt ein vorläufiger Notenspiegel. Dabei ist eine sauber erstellte Liste gewöhnlich übersichtlicher als der Computerausdruck der Hochschule. Man sollte aus Umweltschutz- und Handlungsgründen keine Plastik-Klarsichthüllen benutzen; einfaches Abheften der Unterlagen ist völlig ausreichend. Am besten ordnet man sie in chronologischer Reihenfolge. Man kann die Bewerbungsmappe allgemein vorbereiten mit Ausnahme des Lebenslaufes und des Anschreibens, die individuell gestaltet werden sollten. Das Passbild gehört in die Bewerbungsmappe rechts oben auf den Lebenslauf oder auf eine Extraseite mit Namen und Adresse an den Anfang der Bewerbungsmappe. Wenn man das Foto nicht aufkleben möchte, sollte es auf der Rückseite mit dem Namen beschriftet werden. Das Anschreiben bleibt in jedem Fall beim Empfänger. Wird man eingestellt, kommen die Bewerbungsunterlagen in die Personalakte, während sie bei einer Absage zurückgeschickt werden.

11.2. Das Bewerbungsschreiben

Zusammen mit den Unterlagen bestimmt das Bewerbungsschreiben den ersten Eindruck beim Empfänger. Ziel muss es sein, den Leser davon zu überzeugen, dass man gerade der richtige Mitarbeiter ist. Daher sollte größte Sorgfalt auf die Formulierung und Gestaltung gerichtet werden. In der Regel genügt eine Seite; abhängig von der Gestaltung ist dies jedoch kein Dogma. Auf keinen Fall sollte am Ende die Unterschrift vergessen werden.

Neben einer kurzen persönlichen Vorstellung sollte beschrieben werden, für welche Funktionsbereiche oder Aufgaben man sich interessiert. Eine kurze Begründung, weshalb man sich gerade bei diesem Unternehmen bewirbt, gehört ebenfalls zu einem guten Anschreiben. Bei einem Bezug auf eine konkrete Stellenanzeige, sollten angegeben werden, weshalb der Bewerber glaubt, für die ausgeschriebene Position der oder die Richtige zu sein. Ebenso sind Angaben über den frühesten Eintrittstermin oder eventuelle regionale Einschränkungen für das Unternehmen wichtig.

Auch wenn die wesentlichen Informationen in jedem Bewerbungsschreiben die gleichen sind, muss es stets individuell abgefasst werden. Es sollten keine Formulierungen aus Büchern einfach abgeschrieben, sondern mit eigenen Worten verfasst werden. Ferner sollte man die Möglichkeit nutzen, seine wichtigsten Qualifikationen, Vorzüge und Stärken für die angestrebte Funktion zu betonen.

11.3. Der Lebenslauf

Der Lebenslauf ist ein kurzer, geordneter Abriss des persönlichen Ausbildungs- und Werdeganges. Er sollte grundsätzlich tabellarisch verfasst und chronologisch oder nach Themen geordnet sein, sofern nicht ausdrücklich eine andere Form verlangt wird. Ob Hobbys und private Interessen oder Engagements angeben werden, bleibt jedem selber überlassen. Letztlich sind dies jedoch Facetten der Persönlichkeit und können Anknüpfungspunkte in einem Vorstellungsgespräch darstellen. Häufig versuchen Firmen auch, bereits aus den Bewerbungsunterlagen Rückschlüsse auf das Arbeits- und Sozialverhalten zu ziehen. Daher kann sich die Erwähnung z.B. von Vereinstätigkeiten u.ä. nur positiv auswirken. Wie im Anschreiben können auch hier die Stärken und Qualifikationen betont werden. Es lohnt sich daher, den Lebenslauf individuell für jede Bewerbung zu überprüfen.

Sofern im Ausbildungsgang Besonderheiten wie zum Beispiel ein Fachrichtungswechsel oder eine längere Studiendauer aufgetreten sind, sollten diese kurz im Anschreiben oder im Lebenslauf erläutert werden - ansonsten wird man vielleicht gar nicht erst die Gelegenheit bekommen, dies in einem Gespräch nachzuholen.
Auf keinen Fall dürfen im Lebenslauf das Tagesdatum und die Unterschrift fehlen.
Der Zeitraum, der zwischen Eingang der schriftlichen Bewerbung und dem Einstellungstermin vergeht, ist je nach Unternehmen unterschiedlich. In jedem Fall müssen mehrere Wochen eingerechnet werden.

11.4. Bewerbungsstellen

Ganz prinzipiell gibt es vier verschiedene Möglichkeiten, sich zu bewerben:
- direkt bei interessanten Unternehmen
- über Internet-Jobbörsen
- über einen privaten Personalberater
- über das Arbeitsamt

11.4.1. Unternehmen

Bei Unternehmen kann man sich in Eigeninitiative, auf allgemeine Imageanzeigen oder konkrete Stellengesuche bewerben. Zumindest Großunternehmen decken einen erheblichen Anteil ihrer offenen Stellen durch Bewerbungen ab, die sie auch ohne konkrete Stellenanzeigen aufgrund ihres Bekanntheitsgrades erhalten. Die innerbetrieblichen Personalvermittlungen leiten diese Bewerbungen an die in Frage kommenden Betriebe oder Abteilungen weiter. Es ist durchaus üblich, dass sich Interessenten telefonisch oder per Internet über aktuelle offene Stellen informieren, bevor sie eine Bewerbung verschicken.
Je spezieller die Anforderungen an den geeigneten Kandidaten sind, desto häufiger müssen auch große Unternehmen zur Zeitungsanzeige greifen.

11.4.2. Internet-Jobbörsen

Ideal für Studenten sind die Jobbörsen des Internets. Hier haben Bewerber die Möglichkeit, ihr Profil kostenlos einzustellen und so einer größeren Anzahl von Personalentscheidern aus verschiedenen Unternehmen Einsicht in die anonymisierten Bewerbungsunterlagen zu gewähren (→www.hauptstudium.de).

Des weiteren werden Internet-Jobbörsen von Unternehmen genutzt, um konkrete Stellenanzeigen zu annoncieren und Hyperlinks auf die eigene Homepage legen zu lassen. Der Vorteil der Jobbörse liegt zum einen darin, dass verschiedene Kriterien (wie z. B. bevorzugte Branche oder Region) bei der Suche berücksichtigt werden können, und zum anderen, dass schnell in verschiedenen Datenbänken weltweit gesucht werden kann.

11.4.3. Personalberater

Aus ihrer Tätigkeit als Unternehmensberater kennen sie häufig den Personalbedarf ihrer Klienten; oft werden sie von ihren Auftraggebern um die Vermittlung von Kandidaten gebeten. Seit in Deutschland private Arbeitsvermittler zugelassen sind, kann man sich aktiv zur Vermittlung dorthin wenden. Zu den Dienstleistungen der Berater gehört auch Hilfe bei der Erstellung der Bewerbungsunterlagen und eines persönlichen Profils des Bewerbers.

11.4.4. Arbeitsamt

Für die Vermittlung von Absolventen gibt es beim Arbeitsamt spezielle Abteilungen. In größeren Städten existieren sogenannte Hochschulteams mit sehr guten Kontakten zu den lokalen Unternehmen. Als staatliche Institution bietet das Arbeitsamt vor allem eine von Firmeninteressen unabhängige und qualifizierte Berufsberatung. Aufgrund ihrer Kontakte zu Unternehmen können die Berater häufig interessante Stellen anbieten, die nicht in der Zeitung erscheinen. Mindestens dann, wenn man mit seinem Fach oder seinem persönlichen Werdegang einen schwierigen Arbeitsmarkt vorfindet oder erwartet, sollte man sich neben allen anderen Bemühungen an das Arbeitsamt wenden, denn die Berater können häufig Nischen aufzeigen.

11.5. Vorstellungsgespräch

Sieht ein Unternehmen die Chance, eine offene Stelle durch einen Bewerber zu besetzen, so wird man eingeladen, um sich gegenseitig näher kennenzulernen und um sich über die vorgesehene Aufgabe zu informieren.
In einem Vorstellungsgespräch trifft man mit einem Vertreter des Personalwesens bzw. dem eventuellen zukünftigen Fachvorgesetzten zusammen. Oft lernt man damit bereits künftige Kollegen kennen. Vielleicht wird man gebeten, einen kleinen Vortrag zu halten, z. B. über die eigene Diplomarbeit. Außerdem besteht

die Möglichkeit, alle Fragen zu stellen, die einem für die eigene Entscheidung bedeutsam erscheinen. Gleichzeitig muss damit gerechnet werden, dass die eine oder andere Aussage aus der schriftlichen Bewerbung hinterfragt wird. Zu einer guten Gesprächsvorbereitung gehört es, dass Informationen über das Unternehmen vorab eingeholt werden, sei es aus Imagebroschüren oder aus dem jüngsten Geschäftsbericht. Informationsmaterial kann im Anschreiben erbeten oder schon vor der Bewerbung angefordert werden - gewöhnlich genügt ein Anruf. Bei einer schriftlichen Anforderung, sollte ein kurzer Brief geschrieben werden - schließlich wird hierdurch zum ersten Mal Kontakt zum Unternehmen aufgenommen. Umgekehrt verwenden einige Unternehmen Personalbögen, die sie den Bewerbern gewöhnlich mit der Eingangsbestätigung für die Unterlagen zusenden.

11.6. Das Assessmentcenter

Assessmentcenter werden häufig dann durchgeführt, wenn mehrere ähnliche Positionen zu besetzen sind. Dazu wird eine Gruppe von Bewerbern eingeladen, die nach einer Einführungsphase zum gegenseitigen Kennenlernen alle die gleichen Übungen durchlaufen. Dabei werden sie von erfahrenen Mitarbeitern - meist Personalleitern und Fachvorgesetzten - beobachtet. Im Anschluss daran entscheiden die Beobachter, wem sie ein Einstellungsangebot machen wollen, das dem Kandidaten dann sofort unterbreitet wird. Die übrigen Teilnehmer erhalten oft ein individuelles Feedback, das ihnen für ihre Selbsteinschätzung und damit für ihre weitere Bewerbungsphase eine Hilfestellung gibt.

12. Berufsstart

Ist es dann endlich geschafft und man hat einem attraktiven Arbeitsplatz angeboten bekommen, so beginnt die Phase des Zurechtfindens im Betrieb und im neuen Aufgabengebiet.

12.1. Training on the Job

Diese auf den individuellen Tätigkeitsbereich zugeschnittene Einarbeitung ist der normale Berufseinstieg für Hochschulabsolventen. Dazu gehört, dass neue Mitarbeiter zunächst mit ihren Kollegen sowie den Kontaktpersonen in anderen Abteilungen bekannt gemacht werden. Um die innerbetrieblichen Abläufe und Zusammenhänge kennenzulernen, die für eine gut funktionierende Teamarbeit erforderlich sind, erhalten neue Mitarbeiter häufig auch Einblicke in ganz andere Arbeitsbereiche. Berufsanfänger werden bei der Lösung der ersten Aufgaben soweit wie nötig durch erfahrene Mitarbeiter unterstützt.

12.2. Trainee-Programme

Einen interessanten Start für Absolventen bieten Trainee-Programme. Dahinter verbergen sich Einarbeitungsprogramme für Akademiker der wirtschaftswissenschaftlichen und auch der technischen Fachrichtungen. Es wird eine Vielzahl von Trainee-Programmen von größeren und mittleren Unternehmen der verschiedensten Branchen angeboten, deren Dauer 15-24 Monate beträgt. Bei den Trainee-Programmen sind folgende Varianten zu unterscheiden:
- Das klassische Trainee-Programm: Hier werden die betriebswirtschaftlichen Funktionsbereiche Beschaffung, Fertigung, Absatz- und Finanzwirtschaft durchlaufen. Neben der theoretischen Einweisung in die einzelnen Ressorts übernimmt der Trainee zum Teil auch Aufgaben mit Verantwortung. In welchem Bereich des Unternehmens tatsächlich der Berufseinstieg erfolgt, entscheidet sich während oder gegen Ende der Ausbildung.
- Beim ressortübergreifenden Trainee-Programm mit Fachausbildungsphase lernt der Trainee im Rahmen einer Grundausbildung die einzelnen Unternehmensabteilungen kennen. In der Fachausbildungsphase erfolgt eine Konzentration auf das Ressort, in dem der Trainee künftig eingesetzt werden soll.

- Das ressortbegrenzte Trainee-Programm ist eine weitere Variante. Hier steht das künftige Aufgabengebiet bereits bei der Einstellung fest. Der Trainee wird auf ein bestimmtes Ressort vorbereitet, z.b. im Bereich Absatz oder Personalwesen.

Ein Trainee-Programm bietet einen guten Einstieg in die betriebliche Praxis und bietet die Möglichkeit, bereits frühzeitig spätere Managementaufgaben „unter Anleitung" übernehmen zu können. Die Plätze sind daher bei Hochschulabsolventen sehr begehrt. Demgegenüber ist das Angebot an Trainee-Stellen seitens der Wirtschaft begrenzt. Vor allem größere Unternehmen der chemischen und elektrotechnischen Industrie, des Maschinen- und Fahrzeugbaus und der Nahrungs- und Genussmittelindustrie sowie Banken und im geringen Umfang Versicherungs- und Dienstleistungsunternehmen bieten Trainee-Programme an.

12.3. Assistentenposition

Die Übernahme einer Assistentenposition bietet die Möglichkeit, aus unmittelbarer Nähe zu erleben, wie die wesentlichen Unternehmensentscheidungen getroffen werden. Eine solche Position kann den Ausgangspunkt bilden, um in einer längerfristigen Job-Rotation auf eine Führungsaufgabe vorbereitet zu werden. Bei Assistentenfunktionen auf mittlerer Hierarchieebene sind die Aussichten dafür allerdings weniger günstig. Bevor eine Assistentenposition übernommen wird, sollte in jedem Falle darüber gesprochen werden, wie lange die Assistentenphase nach Vorstellung des Unternehmens dauern soll.

12.4. Auslandseinsatz

Für Wirtschaftswissenschaftler gibt es kaum eine Chance, unmittelbar nach dem Studium eine Beschäftigung im Ausland bei einer deutschen oder einer international tätigen Unternehmung aufzunehmen. Erst nach einiger Zeit ergibt sich zum Teil die Möglichkeit, eine Aufgabenstellung im Ausland zu übernehmen. Die Erfahrung zeigt, dass dann die Mitarbeiter oftmals nicht mehr ins Ausland gehen wollen (Familie etc.). Aber besonders in Unternehmen, die auf Auslandsmärkten tätig sind, ist ein Auslandseinsatz von großem Vorteil, insbesondere dann, wenn man in einem solchen Unternehmen herausragende Managementaufgaben übernehmen möchte.

13. Arbeitsmöglichkeiten für Wirtschaftswissenschaftler im Ausland

13.1. Absolventen

Sicherlich denken eine Reihe von Wirtschaftswissenschaftlern auch an einen Auslandseinsatz nach dem Studium. Allerdings gestaltet sich der Einstieg für Nachwuchskräfte, die eine Tätigkeit bei deutschen Privatfirmen im Ausland anstreben, schwierig. Um erste Erfahrungen zu sammeln, sollte die Einstellung bei einer Großfirma mit dem Ziel der Auslandsentsendung gewählt werden. Nach Rückkehr aus dem Ausland, mit mehrjährigen Erfahrungen, bieten sich dann für diese Kräfte bessere Vermittlungschancen.

Der Einstieg in die Entwicklungszusammenarbeit gestaltet sich für Nachwuchskräfte noch schwieriger. Hier kann der Versuch unternommen werden, über eine Entwicklungshilfeorganisation, kirchliche Institution, politische Stiftung oder das Projekt Assistentenprogramm der Deutschen Gesellschaft für Technische Zusammenarbeit (GTZ) erste Erfahrungen zu sammeln.

13.2. Berufserfahrene Kräfte in der Privatwirtschaft

Deutsche Unternehmen der Privatwirtschaft, wie exportorientierte Hersteller im Maschinen- und Anlagenbau, der Chemie, Elektrotechnik und Bauwirtschaft, Handelsniederlassungen oder Dienstleistungsunternehmen mit Auslandsvorhaben, wie beispielsweise Banken, Speditionen und Versicherungen, entsenden für verantwortungsvolle Aufgaben möglichst "hauseigene" Mitarbeiter. Die Gründe dafür sind einfach: Es handelt sich nicht nur um erprobte Fachkräfte, deren Loyalität und Treue zum Unternehmen bekannt sind, sondern sie sind auch mit den internen Gepflogenheiten des Stammbetriebes vertraut. Diese Praxis trifft vor allem für Großfirmen zu, die über ein ausreichendes Mitarbeiterpotential verfügen.

Kleinere und mittlere Unternehmen suchen ihre Auslandsmitarbeiter häufig auf dem freien Markt und schalten bei ihrer Suche oft auch die Auslandsabteilung der Zentralstelle für Arbeitsvermittlung (ZAV) in Frankfurt am Main mit ein. Gute Vermittlungschancen haben hier vor allem Bewerber, die gewisse Mindestvoraussetzungen erfüllen. Es sollten nach Möglichkeit überdurchschnittliche Fachkenntnisse und mindestens drei Jahre Berufserfahrung sowie gleichfalls eine ca. dreijährige berufsbezogene Tätigkeit im Ausland und gute bis sehr gute Kenntnisse der Verkehrssprache des Gastlandes mitgebracht werden. Neben hohen persönlichen Anforderungen sind - bei zum Teil extremen Lebensbedingungen – eine physische und psychische Gesundheit besonders wichtig.

Die Angebote beziehen sich in der Regel weniger auf Industrieländer in Europa und Nordamerika, weil dort bereits genügend qualifizierte einheimische Kräfte zur Verfügung stehen. Die Offerten kommen vielmehr aus Entwicklungsländern, den rohstoffreichen Ländern des Nahen Ostens, dem sich rasch entwickelnden Wirtschaftsraum Südostasiens und in jüngster Zeit verstärkt auch aus Mittel- und Osteuropa. Bei den angebotenen Positionen handelt es sich zumeist um Stellen für Geschäftsführer und Niederlassungsleiter oder um Aufgaben im Finanzmanagement (kaufmännische Leiter, Leiter des Finanz- und Rechnungswesens, Controller). Positionen im Personalwesen und Vertrieb/Marketing bleiben fast immer Mitarbeitern des Gastlandes wegen deren besseren Kenntnisse der örtlichen Gegebenheiten vorbehalten. Eine Ausnahme bilden Mittel- und Osteuropa, wo auch Positionen im Vertrieb und Marketing angeboten werden, falls Führungserfahrungen in westlichen Industrieländern, verbunden mit guten Sprachkenntnissen des Gastlandes, vorliegen. Im Gegensatz zu einer Beschäftigung bei deutschen Firmen gestaltet sich die Tätigkeit bei ausländischen Arbeitgebern problematisch. Zum einen ist das Gehaltsniveau sehr unterschiedlich und zum anderen bereiten oft Fragen der sozialen Absicherung und der Vertragstreue Schwierigkeiten. Das gilt insbesondere für Entwicklungs- weniger für Industrieländer.

13.3. Berufliche Einsatzfelder in der Entwicklungszusammenarbeit

Im Rahmen der Entwicklungszusammenarbeit mit Ländern der Dritten Welt finden Wirtschaftswissenschaftler z.T. Beschäftigung bei beratenden Ingenieurfirmen, die im staatlichen Auftrag tätig werden. Die Aufgaben liegen im Bereich der Wirtschaftsplanung und -entwicklung, der Industrieförderung, Regional- und Stadtplanung, Verkehrsplanung, Transport- und Agrarökonomie, Genossenschaftswesen, Entwicklungsbanken und der öffentlichen Versorgung (Wasser, Energie und Entsorgung).

Dabei sind sowohl betriebs- als auch volkswirtschaftliche Fragestellungen zu lösen. Weitere Tätigkeitsfelder sind die betriebliche und organisatorische Förderung des Handwerks von Klein- und Mittelbetrieben, die landwirtschaftliche Vermarktung, Betriebsorganisation, Finanz- und Rechnungswesen sowie die Beratung von Behörden und die Planung sowie Durchführung von verschiedenen Projekten.

13.4. Tätigkeit in internationalen Organisationen

Die Bundesrepublik Deutschland ist Mitglied in zahlreichen internationalen Organisationen. Beschäftigungsverhältnisse können hier grundsätzlich nach Stabs- bzw. Expertenpositionen unterschieden werden.

Stabspositionen umfassen Beschäftigungsverhältnisse in Sekretariaten und Regionalbüros. Expertenpositionen betreffen häufig Tätigkeiten in Entwicklungshilfeprojekten. Inhaltlich entsprechen diese weitgehend den von deutschen Consultingfirmen im Rahmen der nationalen Entwicklungszusammenarbeit angebotenen Tätigkeiten. In der Regel sind sie zeitlich befristet.

Die Anlaufstelle für alle an einer derartigen Mitarbeit interessierten Wirtschaftswissenschaftler ist das "Büro Führungskräfte zu Internationalen Organisationen" der Zentralstelle für Arbeitsvermittlung in Frankfurt am Main.

Index

A

Absatz 7, 15, 19, 21, 31ff., 36, 39, 52, 79, 100f.
Absatzwirtschaft 32f., 50
AIESEC 67
Akademische Auslandsämter 64, 66ff., 71f
Allgemeine BWL 7, 79f.
Allgemeine VWL 7
Amerikazentren 68
Anschreiben 96ff.
Arbeitsamt 97f.
Arbeitsrecht 8ff., 40, 43, 83, 98
Arbeitswissenschaft 9f., 43
Assessmentcenter 99
Assistentenposition 87, 101
Aufnahmeprüfung 65
Auslandsaufenthalt 62ff., 67f., 70, 73, 92
Auslandseinsatz 101f.
Auslandspraktikum 67, 92
Auslandssemester 90, 92
Auslandsstudium 3, 63, 65f., 70, 92
Außenwirtschaft 10f., 30, 40
Außenwirtschaftspolitik 7, 10f.
Außenwirtschaftstheorie 7, 11
Außerfachliche Qualifikationen 94
außeruniversitäre Aktivitäten 91
Austauschprogramme 68
Auswahlkriterien 90, 91

B

Bafög 67, 70, 72f.
Banken 11ff., 20f., 24, 33, 37, 59f., 83, 87, 90, 101f.
Bankbetriebslehre 3, 12f., 20f., 54, 87
Banklehre 12, 87
Begabtenförderungswerke 75
Begleitkurs 4
Behörden 23, 88f., 104
Berufsanfänger 90f., 94, 100
Berufsausbildung 90f., 95
Berufsstart 100
Beschaffung 19, 24f., 31f., 37, 52, 57, 100
Beschäftigungspolitik 10
Betriebsführung 39, 52
Betriebsorganisation 39, 104
Betriebswirtschaftliche Datenverarbeitung 13, 32, 56f.
Betriebswirtschaftliche Information und Kommunikation 27
Bewerbung 1ff., 12, 62, 65ff., 70ff., 83, 94ff.
Bewerbungsschreiben 95f.
Bewerbungsstellen 97
Bewerbungsunterlagen 3, 71, 90, 95ff.
Bewerbungsverfahren 68
Bilanzanalyse 34
Bilanzierung 52, 59
Bonuspunkte 78ff.

Botschaft 68
Bund 18, 36, 50, 89
Bundesbank 13, 89

C

Cashflow 17
Citylogistik 50
Consulting 11
Controlling 3, 13, 15, 22f., 26, 29, 30, 32ff., 45, 50, 52ff., 60, 85, 89
Credit-Point-System 2, 66, 78, 80
Cusanuswerk 75

D

DAAD 64, 67, 70
Datenverarbeitung 32, 39, 48, 53, 56, 60, 93
Deutscher Akademischer Austauschdienst 70
Dienstleistungsbranche 24, 86
Dienstleistungsunternehmen 28, 31, 34, 101f.
Diplom 79
Diplomarbeit 2, 32, 77ff., 98
Diplom-Kaufmann 15, 82
Diplomnote 78, 80, 83, 90f.
Diplom-Ökonom 82
Diplomprüfung 77f., 90
Diplom-Volkswirt 82
Distributionswirtschaft 23
Doktorarbeit 83

E

E-Commerce 24
EDV 25ff., 33, 38ff., 43, 49, 57, 85, 92f.
Einkauf 26, 50, 86

Energiewirtschaft 15f.
Entwicklungshilfeorganisationen 11, 102
Entwicklungslehre 10
Entwicklungspolitik 11, 58
Entwicklungszusammenarbeit 104
Evangelisches Studienwerk 75
Examen 5, 77, 81ff.
Examenskurs 4f.
Existenzgründung 9, 34

F

Finanzabteilung 13
Finanzbuchhaltung 52
Finanzdienstleistung 12
Finanzierung 7, 13ff., 19, 21, 29, 34f., 37, 47, 53f., 58, 60, 66f., 79, 83
Finanzierungslehre 13, 16, 34
Finanzmarkt 16f., 20
Finanzpolitik 18f., 58
Finanzverwaltung 47, 60
Finanzwirtschaft 16f., 20, 100
Finanzwissenschaft 18, 35, 47, 58
Fiskalpolitik 7
Fördermöglichkeiten 72, 76
Forschung und Entwicklung 29, 45, 51
Forschungseinrichtungen 10
Friedrich-Ebert-Stiftung 75
Friedrich-Naumann-Stiftung 75
Führungsposition 17, 40, 90
Fulbright-Kommission 70f.

G

Geld-, Kredit- und Währungspolitik 12, 20

Index

Geld-, Währungs- und Kreditpolitik 7, 19, 21
Geldverkehr 19
Genossenschaften 60
Genossenschaftswesen 20ff., 45, 104
Gesundheitsmanagement 22
Gesundheitsökonomie 18, 22f.
Gesundheitswesen 22f., 86, 88
Gewinn- und Verlustrechnung 59
GMAT 69
Groß- und Einzelhandelsbetriebe 24
Großunternehmen 30, 59, 63, 85, 90

H

Handelsbetriebslehre 21, 23f.
Handelskammer 50
Handelsmarketing 24
Handelsrecht 12
Handelsunternehmen 9, 11, 15, 23f., 28, 47, 59f.
Hans-Böckler-Stiftung 75
Hausarbeit 5
Heinrich-Böll-Stiftung 75
Hochschulwechsel 3

I

Industriebetriebslehre 10, 13, 24ff., 32, 44
Industrielles Management 25, 50
Industrieunternehmen 9, 15, 28, 38, 50, 85f., 101
Information und Kommunikation 27, 54ff.
Informationsdienstleistung 31
Informationsmanagement 27f., 56, 59
Informationstechnologie 57, 88

Initiativbewerbung 72, 94
Innovationsmanagement 28f., 54
internationale Organisationen 104
internationale Wirtschaftsbeziehung 10
internationaler Finanzmarkt 17
Internationales Management 21, 29f., 41
Interne Revision 45, 60
internes Rechnungswesen 52
Internet 3, 27, 57, 64, 68f., 75, 94, 97f.
Investition 7, 47, 60, 79, 95
Investitionslehre 16
IT-Dienstleister 86

J

Jahresabschluss 17
Jobbörse 97f.
Job-Rotation 101

K

Kammern 19, 89
Kleine und Mittlere Unternehmen (KMU) 33f., 43
Kolloquien 4, 6
Konjunktur- und Wachstumstheorie 7
Konrad-Adenauer-Stiftung 75
Kontrolle 13, 29
Konzernabschluss 59
Kosten- und Leistungsrechnung 13, 52, 85
Krankenhausbetriebslehre 22
Krankenhäuser 23, 56
Krankenkassen 22f., 65
Krankenversicherung 23, 71, 73

Kreditinstitute 12f., 17
Kreditpolitik 19
Kreditpunkte-System 78

L

Lagerhaltung 31f.
Lebenslauf 65, 70, 73, 95ff.
Leistungsnachweise 4, 6, 66, 77f.
lineare Optimierung 38
Logistik 3, 15, 24ff., 31f., 38, 49f., 52, 86

M

Makroökonomie 7
Maluspunkte 78
Managementschulen 93
Marketing 16, 21ff., 28ff., 37, 45f., 48ff., 54, 62, 86, 89, 103
Markt- und Preistheorie 7
Marktforschung 32f., 86
Materialwirtschaft 31f., 50, 86
Mathematik 17, 36, 54
MBA 69, 84, 93
Medien 33, 85
Mikroökonomie 7
Ministerien 11, 50
Mittelstandsökonomie 15, 33f., 53
multinationale Konzerne 17
mündliche Prüfung 77

O

Oberseminar 4f.
Öffentliche Betriebswirtschaftslehre 21, 35
Öffentliche Finanzen 18
öffentliche Institution 10, 36
öffentliche Unternehmen 15, 35

Öffentlicher Dienst 34f., 89
Öffentliches Recht 12, 53
Öffentliche Verwaltung 18, 20f., 35, 38
Ökonometrie 20, 36f., 45f.
Operations Research 37
Organisation 7, 9, 13, 22ff., 29, 33, 35, 38ff., 42, 44, 47, 52, 57, 62, 67, 88
Organisationslehre 10, 13, 21, 24, 26, 28, 39f., 43, 58
Ostasienwirtschaft 40f.

P

Personalabteilung 9f., 15, 29, 42f., 54, 62
Personalberater 97f.
Personalentwicklung 33
Personalführung 13, 39
Personalmanagement 25
Personalwesen 9, 36, 47, 87, 98, 101, 103
Personalwirtschaft 8, 21, 26, 35, 39, 42ff.
Personalwirtschaftslehre 10, 29, 41
Planung 13, 22, 27, 29, 31ff., 36ff., 44, 59f., 80, 85, 104
Preispolitik 33
Privatrecht 12, 53
Produktentwicklung 25
Produktion 7, 16, 19, 25f., 29, 37, 44, 52, 62, 79
Produktionsmanagement 25
Produktionsplanung und -steuerung 25, 44
Produktionstheorie 44

Produktionswirtschaft 24f., 39, 44, 51
Produktmanager 26
Programmierkenntnisse 93
Projektmanagement 88
Promotion 73, 82ff., 93
Promotion im Ausland 82
Promotionsordnung 82
Prozessgestaltung 22, 25
Prüfungsamt 2f.
Prüfungsfach 77f.
Prüfungsordnung 77
Prüfungswesen 15, 21
Psychologie 33, 43, 45, 56, 87

Q

Qualitätsmanagement 44

R

Raumordnung 49
Rechnungswesen 17, 51ff., 59f., 85
Rechtswissenschaft 13
Reisestipendien 71
Revision 47, 53f., 59, 60, 85
Revision und Treuhandwesen 13, 21, 59f.
Risikomanagement 17

S

Schnittstellenmanagement 29
Seidel-Stiftung 73, 75
Seminare 4f., 34, 58, 72, 77
Seminararbeit 5, 78f.
Softwarebranche 86, 88
Softwaregesellschaften 38
Sozialversicherungen 18
Soziologie 33, 35, 49, 56, 87

Speditionen 24, 49f., 102
Sprachtest 65, 67f.
Staat 8, 18f., 40
Standortplanung 25, 31
Statistik 17, 28, 32f., 36f., 45f., 49, 54, 56, 58
Stellenanzeigen 33, 94, 97f.
Steuerberatung 9, 19, 21, 26, 47, 59f., 84, 87
Steuerlehre 13, 15, 18, 21, 33, 46, 47, 53, 60
Stiftung der Deutschen Wirtschaft 75
Stiftungen 17, 72, 73
Stipendien 3, 67, 70ff., 93
Stipendienhöhe 73
Stipendienleistungen 70f.
Studentenwerk 67
Studienausrichtung 1
Studiengebühren 66, 70f.
Studienortwechsel 3
Studienplan 65, 70
Studienstiftung des Deutschen Volkes 72, 75
Systementwickler 58

T

Technologiemanagement 29
Teilstipendien 70f.
TOEFL 68f., 72
Tourismus 31, 48f.
Trainee 87, 100f.
Training on the Job 100
Transport 31f., 50, 86, 104
Transportwirtschaft 31, 49f., 53
Treuhänder 60

U

Umweltmanagement 7, 51f.
Umweltökonomie 51f.
Umweltwirtschaft 16
Unternehmensberatung 9, 20, 23, 26, 33, 38, 40, 51, 54, 58ff., 84, 86ff., 91, 98
Unternehmensforschung 26, 32, 37
Unternehmensführung 7, 10, 16, 23, 28f., 34, 39f., 43, 48, 51, 54, 59
Unternehmensplanung 32, 45
Unternehmensrechnung 13, 15, 24, 33, 44, 47, 52f.

V

Verband 10, 16, 19, 22, 29, 60, 89
Verkehrsbetrieb 15, 31f., 49
Verkehrsbetriebslehre 49, 53
Verkehrswirtschaft 50
Verkehrswissenschaft 49, 53
Versicherungen 9, 15, 17f., 20, 54, 59, 87, 90, 101f.
Versicherungsbetriebslehre 13, 23, 46, 53f.
Versorgungsunternehmen 85f.
Vertrieb 37, 50, 86f., 103
Verwaltung 43, 56, 58ff.
Verwaltungsbetriebslehre 31
Volkswirtschaftslehre 8, 35, 58, 79f.
Volkswirtschaftstheorie 11
Vollstipendien 70f.
Vordiplom 2, 4, 63, 95
Vorlesungen 4, 58, 64, 78
Vorlesungsverzeichnis 4, 6, 68, 78
Vorstellungsgespräch 91, 98

W

Währungspolitik 11, 19
Werbung 33f., 36, 86, 89
Wettbewerbspolitik 7, 58
Wettbewerbstheorie 7
Wirtschafts- und Sozialgeschichte 55
Wirtschaftsforschung 37, 58
Wirtschaftsgeschichte 40, 55f.
Wirtschaftsinformatik 15, 26, 32f., 39, 50, 53f., 56ff.
Wirtschaftskommunikation 27
Wirtschaftspolitik 7, 16, 58
Wirtschaftsprüfer 9, 26, 47, 60, 84, 88, 93
Wirtschaftsprüferexamen 88
Wirtschaftsprüfung 23f., 47, 53f., 59, 84, 87f., 91
Wirtschaftsrecht 9, 33, 41, 47, 53, 60, 81, 87
Wirtschaftssprachen 30, 41, 43, 48, 50, 62, 65, 67, 72, 86, 91f.
Wirtschaftstheorie 7, 36, 58
Wissenschaftlicher Mitarbeiter 83

Z

Zentralbank 19
Zentralstelle für Arbeitsvermittlung 103f.
Zeugnis 65
Zugangsvoraussetzungen 65
Zusatzqualifikationen 92
ZVS 3
Zweitstudium 93